IWWC Denkanstöße

Band 1

Hans-Jürgen Jensen

bearbeitet von Elisabeth Böhm

Körpersprachen lügen nicht

Shaker Verlag
Düren 2022

Bibliografische Information der Deutschen Nationalbibliothek
Die Deutsche Nationalbibliothek verzeichnet diese Publikation in der Deutschen Nationalbibliografie; detaillierte bibliografische Daten sind im Internet über http://dnb.d-nb.de abrufbar.

Lektorat & Buchsatz: Petra Weymar; P.S.-Lektorat, www.lektorat-ps.com

Fotos: Jan Vollmer; Modell: Sebastian Koppelberg

Printed in Germany.

ISBN 978-3-8440-8373-6
ISSN 2750-395X

Shaker Verlag GmbH • Am Langen Graben 15a • 52353 Düren
Telefon: 02421 / 99 0 11 - 0 • Telefax: 02421 / 99 0 11 - 9
Internet: www.shaker.de • E-Mail: info@shaker.de

Für Ursula

Inhalt

Vorwort

„Die kann mich nicht riechen“ – „Der sprach so von oben herab“ – „Dem habe ich die kalte Schulter gezeigt“ – solche Urteile hören wir, wenn ein Gespräch unangenehm verlaufen ist. Aber wir sprechen von einer „zugewandten“ Atmosphäre und von „aufrechten“ Gesprächspartnern, wenn wir einen positiven Eindruck haben. Woher kommen diese Einschätzungen? Auf Nachfrage hören wir dann: „das sagt meine Intuition“ oder: „das spürt man eben“.

Der Autor dieses Buches schlägt dagegen einen analytischen Weg ein und erforscht Regeln, die auf unserer Biologie beruhen. Damit sind wir von Vermutungen weit entfernt und auch Geschmacksurteile wie: „das sieht gut aus“ spielen keine Rolle. Der Methode von Hans-Jürgen Jensen bin ich vor ca. 20 Jahren begegnet. Die Kenntnisse aus Verhaltensforschung, Ingenieurwissenschaft und Schauspiel zusammenzubringen, um einleuchtende Regeln für die Kinesik zu formulieren, haben mich überzeugt. Deren Anwendbarkeit habe ich selbst als junger Dozent überprüft und lehre bis heute die Grundprinzipien an verschiedenen Hochschulen. Meine Studierenden bekommen diese Zusammenhänge in den Seminaren vermittelt und staunen immer, wie leicht damit der andere zu durchschauen ist.

Wenn wir mit Paul Watzlawick davon ausgehen, dass die Wirklichkeit das Ergebnis von Kommunikation ist, dann müssen wir auch den dominanten Teil der Kommunikation, die nonverbalen Äußerungen kennen. Sie sind der „analoge" Teil der Mitteilungen und wir können sie über die Kanäle Körpersprachen, Ton und Atmung sofort verstehen. Wir wissen, ob jemand freundlich, aggressiv oder informativ mit uns spricht – lange bevor wir den wörtlichen Inhalt einer Botschaft entschlüsseln. Deshalb verlassen wir uns auch hauptsächlich auf die nonverbalen Mitteilungen. Und die „Grammatik" dieser Sprache von Reiz und Reaktion, von Auslöser und Reflex ist erlernbar, wenn man die biologischen Gesetze dahinter kennt. Körpersprachen lesen und anwenden erhöht deutlich die Chance auf gute Gesprächs- und Verhandlungsergebnisse.

Die beiden Autoren betreiben seit mehr als 30 Jahren zwei renommierte Kommunikations- und Moderationsunternehmen. Sie können damit auf eine langjährige Erfahrung im Bereich des Kommunikationstrainings zurückgreifen. Noch wichtiger für dieses Buch sind die Forschungen, die Dr. Hans-Jürgen Jensen und Dr. Elisabeth Böhm betrieben haben und deren Ergebnisse sie nun erstmals mit einer breiten Öffentlichkeit teilen.

Reutlingen, Dezember 2020
Prof. Dr. Bernd Banke

Teil 1

Ich sehe, was Sie denken

Körpersprache im Klartext

Lösen Sie den spannenden Fall

Körpersprache entschlüsseln

Sie sehen eine Zitrone oder hören nur das Wort, und schon verändert sich die Spannung der Lippen, so als hätten Sie hineingebissen. Oder: Jemand schlägt Ihnen vor, Sonntag um 6 Uhr aufzustehen, und schon kräuselt sich die Nase dabei, als dufte es unangenehm – das stinkt Ihnen. Die Beispiele lassen sich nach Belieben fortsetzen, aber uns interessiert zuerst die Frage: Warum ist das so? Warum zeigt der Körper, was wir denken und fühlen?

Ist Ihnen schon aufgefallen, dass es möglich ist, Menschen alleine durch ihr Verhalten zu verstehen; möglicherweise sogar besser als durch ihre sprachlichen Äußerungen? Fans im Stadion brauchen keinen „Fansprecher", jeder sieht sofort die Begeisterung. Unsere Politiker sind gut geschult, aber neben ihren glatten Worten zeigt häufig der Körper, was sie „bewegt"; denken Sie nur an die Rede von Bundeskanzlerin Angela Merkel nach dem Anschlag auf den Weihnachtsmarkt in Berlin 2016. Die staatstragende Ruhe war verschwunden, die Beine bewegten sich dauernd und selbst das sonst so ausdruckslose und damit kommentarlose Gesicht zeigte die Bestürzung an.

Um Körpersprache zu verstehen, müssen wir wissen, woher sie kommt. Die Evolution des Menschen begann vor Millionen Jahren und dauert immer noch an. Sie erfindet immer neue Überlebensstrategien wie zum Beispiel die Anpassungsfähigkeit. Diese Flexibilität zwingt Organismen zu sinnvollen Verhaltensweisen in der jeweiligen Umwelt. Je nach Klima und Vegetation war es sinnvoll, sich von Pflanzen zu ernähren oder in der Gruppe Großtiere zu jagen. Hier finden wir den ersten Schlüssel für Körperausdrücke: Je nach Bedarf wurde ein Verhalten entwickelt, das zum Überlebenserfolg führte. Im Lauf der Entwicklungsgeschichte verkümmerte das nicht mehr gebrauchte Verhalten, aber es wurde in der Veranlagung nicht beseitigt. Wir bekommen immer noch feuchte Hände, wenn es eng wird – zum Beispiel bei einer Prüfung –, obwohl wir nicht mehr unserem Fluchtreflex folgen und auf den nächsten Baum klettern. Oder wir spannen die Bauchdecke an, wenn wir uns bedroht fühlen. Das ist sinnvoll vor einer Schlägerei, wenn die inneren Organe geschützt werden müssen, aber wir machen das bis heute bei psychischer Belastung oder Zeitdruck. Es gibt jede Menge alter Verhaltensmuster, die wir heute nicht mehr brauchen, die aber reaktiviert werden können. Dadurch hat der Mensch einen besonderen Evolutionsvorteil gegenüber konkurrierenden Lebewesen erworben. Die Entwicklung ganz verschiedener Verständigungsmöglichkeiten ist eine spezielle Form der biologischen Arterhaltung. Und so haben wir heute nonverbale und verbale Kommunikation gleichzeitig zur Verfügung.

Ursprünglich standen dem Menschen nur eingeschränkte stimmliche Artikulationsmöglichkeiten zur Verfügung.

Deshalb musste er seinen Körper einsetzen. Wie bei den Tieren muss es damals gestische und mimische Ausdrucksmuster gegeben haben. Wir kennen davon noch unter anderem die hochgerissenen Arme beim Jubel in der Arena als Ausdruck der Freude oder die hochgezogene Stirn bei wichtigen Mitteilungen, die eine Besonderheit ausdrückt.

Wie kommen wir zu dieser Sprache?

Jedes Verhalten hat eine natürliche Ursache wie zum Beispiel die Schreckstarre, wenn es ums Überleben geht, oder das Lachen, wenn wir uns beliebt machen wollen. Daneben gibt es noch das Verhalten, das innerhalb einer Gruppe verabredet wurde. Dieses Sozialverhalten ist deshalb in jeder Kultur verschieden. Aus beiden Quellen entwickelten sich Ausdrucksmuster, die heute noch wirksam sind.

Wenn Sie einen Fußgänger sehen, der lange am Straßenrand zögert, dann aber doch noch bei Rot die Fahrbahn überquert, wissen wir nicht, was in ihm vorgeht. Wenn er in ein Auto läuft, sagen wir: Das war falsch! Aber sein Verhalten hatte mit Sicherheit irgendeinen Grund, ein Motiv, das vom Betroffenen aus vollkommen richtig war. Für die Forschung gibt es eine Schwierigkeit: Die Natur bringt zwar Verhaltensmuster hervor, aber keine *Stereotypen,* also Verhaltensweisen, die immer gleich ablaufen. Es gibt immer individuelles Verhalten, wie bei unserem Fußgänger. Das ist nicht im *Detail* interpretier- oder gar vorhersehbar, sondern bestenfalls im Zusammenhang mit Situationen. Verhaltensweisen sind also nur in der *Tendenz* in *Kategorien* zusammenzufassen.

Mit Reflexen ist das anders: Sie sind stereotype Verhaltensweisen und unterliegen nicht der bewussten Steuerung. Jeder normale Mensch läuft weg, bevor ihm der rutschende Ziegel auf den Kopf fällt, oder duckt sich, wenn ein Wurfgeschoss über ihn hinwegfliegt. Diese Reflexe sind ein Urbestandteil unserer Überlebensstrategien, aber sie spielen in der Kommunikation nur eine geringe Rolle.

Körpersprachen dagegen sind Verhaltensweisen, mit denen wir kommunizieren.

Wenn wir uns ohne Worte verständigen müssen, reagieren wir mit dem ganzen Körper.

So machen uns zum Beispiel die aufgerissenen Augen und die abwehrend winkende Hand unseres Partners am anderen Ende eines Saales sofort klar, dass es jetzt besser ist, zurückzugehen. Oder der Zeigefinger über die Lippen gelegt ist das verabredete Zeichen, jetzt zu schweigen.

Das kann jeder

Die Ausdruckselemente, aus denen sich die Körpersprachen zusammensetzen, können verschiedene Ursachen haben:

- Wenn mein Gesprächspartner in einer Verhandlung plötzlich an die Tischkante rückt, sich aufrichtet und tief Luft holt, dann will er Wichtiges loswerden. Er hat wohl den Eindruck, dass mich das Thema zu wenig interessiert oder dass ich den Ernst der Lage nicht begriffen habe.

Das ist die typische **Reizreaktion** des ganzen Körpers, die immer dann entsteht, wenn Nachdruck nötig ist.

- Anders liegt der Auslöser, wenn mir beim Einkaufsbummel einfällt, dass ich vergessen habe, das Auto abzuschließen. Dann bleibe ich abrupt stehen und runzle die Stirn. Das ist die äußerliche Verarbeitung eines inneren Reizes, also die **Reaktion auf Gefühle, die durch Gedanken ausgelöst werden**.
- Dann gibt es noch die Erfüllung einer bestimmten Verabredung, zum Beispiel eines Rituals. Das ist in unserer Kultur die Begrüßung durch Handschlag – nicht etwa durch Herausstrecken der Zunge wie angeblich bei den Maori. Diese **konventionellen Körperausdrücke** sind auch Bestandteil unserer Körpersprache.

Die *konventionelle Körpersprache* muss von der *natürlichen Körpersprache* unterschieden werden. Die *konventionelle* Körpersprache ist anerzogen und durch das gesellschaftliche Umfeld geprägt. Sie besteht aus Verabredungen zum richtigen Benehmen und aus Verhaltensnormen, die früh antrainiert werden. Die Palette reicht vom „Stillsitzen", „das schöne Händchen geben", „nicht in der Nase bohren", „nicht mit dem Zeigefinger auf Leute zeigen" bis hin zu „Trainings für erfolgreiche Manager". Einige dieser zivilisatorischen Ausdrucksformen haben sich zweifellos aus natürlichen Ausdrücken der Körpersprache entwickelt.

Natürliche Körpersprache ist angeboren. Nur um diese geht es hier.

Man kann die natürliche Körpersprache schon bei Säuglingen als angeborenes Muster im Überlebenskampf beobachten. Haben Sie schon mal versucht, einen strampelnden Säugling zu wickeln? Oder haben Sie schon verzweifelte Mütter beobachtet, die versuchen, ihr Baby zu füttern. Wenn dies einfach keine Lust hat, sein Gemüsegläschen zu essen, dann ist der Mund so fest verschlossen, dass kein Löffel durchkommt. Das sind ganz normale Verhaltensmuster, um zu überleben und sie können als kleinster gemeinsamer Nenner für die Arterhaltung angenommen werden.

Der natürliche Körperausdruck ist – wie jede Reizreaktion – abhängig von der Intensität des jeweiligen Reizes: Je stärker der Reiz, umso intensiver ist die Körperreaktion. Was machen Sie, wenn Sie frieren? Als Schutz gegen zu große Wärmeabgabe verschränken Sie die Arme über dem Oberkörper, ziehen die Schultern hoch und kauern sich eventuell zusammen. Kurz: Sie verkleinern Ihre Körperoberfläche und damit auch Ihre Angriffsfläche. Ähnliche Ausdrucksformen finden wir, wenn nicht Kälte, sondern unangenehme, „kalte" Menschen Anlass geben, sich vor ihren Blicken, vor ihrer Nähe zu schützen.

Körpersprache ist immer die Reaktion auf einen inneren oder äußeren Reiz.

Jeder von uns muss diese Sprache sprechen, denn sie folgt konkreten Ursache-Wirkungs-Mechanismen. Diese *natürliche Körpersprache* ist nicht erlernbar, sie entsteht nach den Gesetzen unseres Nervensystems als Ausdruck einer Reaktion. Damit schließt sich die Argumentationskette, dass die Körpersprache ein Ergebnis der Evolution ist. Und damit ist sie auch ein fester Bestandteil unserer Natur mit exakten Bedeutungen und Funktionen.

Körpersprachen gibt's nur in der Mehrzahl

Um Körpersprache entschlüsseln zu können, brauchen wir eine kriminalistisch gute Beobachtungsgabe und Übung. Wenn Sie den Klassiker sehen: Ihr Gesprächspartner verschränkt die Arme, dann dürfen Sie nicht wie ein Lehrling von Inspektor Columbo gleich darauf schließen, dass dies Abwehr bedeutet. Schauen Sie genau hin, dann können Sie zum Beispiel ein aufmerksames Gesicht und einen interessierten Blick dabei sehen. Also heißt der Schluss aus Ihrer Beobachtung nicht: Mein Zuhörer ist nicht mehr interessiert, sondern er macht es sich bequem und hört genau zu.

Wie jede Sprache hat auch die natürliche Körpersprache einzelne „Begriffe“, die den Wortschatz, das Repertoire bilden. Wenn die Begriffe verschiedener Ausdrucksbereiche am Körper zusammenspielen, und das tun sie immer (!), dann entsteht eine Art Satzbau, die Interaktion zwischen den Repertoires. So ist die Gestik ein Ausdruckselement mit vielen verschiedenen Möglichkeiten oder Begriffen: Eine oder beide Hände sind in Aktion, eine Hand ist geöffnet, die Arme werden hochgerissen, die Hände machen energische Abwärtsbewegungen mit der Faust oder der geöffneten Hand usw. All diese Möglichkeiten sind das Repertoire der Gestik. Der oben genannte „Satzbau“ der natürlichen

Körpersprachen entsteht durch das Zusammenspiel zwischen Körperhaltung und Gesichtsausdruck: Fallende Arme in Kombination mit hängenden Schultern und einem traurigen Gesicht sprechen von Resignation. So sehen wir nur aus, wenn wir völlig ratlos sind.

Jetzt sind wir den körpersprachlichen Ausdruckselementen auf der Spur, haben deren „Wortschatz" in der Vielfalt der körperlichen Möglichkeiten entdeckt und das Zusammenspiel verschiedener Repertoires mit dem „Satzbau" verglichen. Aber eine „Grammatik" kann ausgeschlossen werden. Denn wie gesagt: Es gibt keine Verhaltensstereotypen.

Ihr Körper spricht immer – und das in mehreren Körpersprachen gleichzeitig.

Einzelnen Körperbereichen sind bestimmte Ausdrucksmöglichkeiten zugeordnet. Mit der einen Sprache können wir besser unsere Gefühle ausdrücken, mit der anderen eher unsere Einstellung zu einer Situation. Versuchen Sie doch einmal mit den Händen, Ironie auszudrücken oder mit der Haltung Bewunderung. Das geht nicht, denn dazu hat unser Gesicht das passende Repertoire. Folglich gibt es nicht nur *eine* Körpersprache, sondern mehrere. Der Gesamteindruck ist also entscheidend.

Die natürlichen Körpersprachen spiegeln Erfahrungen, Erlebnisse und Vorstellungen wider. Vorstellung bedeutet in diesem Zusammenhang, dass Erfahrungen und Erlebnisse gespeichert werden und diese das Verhalten in zukünftigen

Situationen prägen. Die „stolzgeschwellte Brust“ auf dem Siegertreppchen oder „erhobenen Hauptes“ aus einer Verhandlung zu gehen, bedeuten nicht nur den augenblicklichen Sieg, sondern sie sprechen auch von früheren gewonnenen Wettkämpfen und erfolgreichen Verhandlungen.

Der Körperausdruck jedes Menschen ist individuell durch seinen Körperbau, sein Temperament, seinen Charakter bestimmt. Ganz ähnlich, wie sich in der Sprache jeder Mensch durch Dialekt, Stimmlage und Sprechtempo unterscheidet. Jeder Mensch ist anders, der eine genießt den Geschmack, der andere die Bewegung, ein Dritter das Denken. Aus diesen Vorlieben entstehen Schwerpunkte der Körperartikulation: Beim Genießer bildet sich die Mimik differenzierter aus als beim Denker, der sportliche Typ drückt dagegen vieles mit der Gestik aus. Das Faszinierende an Körpersprachen ist, dass man die einzelnen Ausdrucksformen wie Bausteine zusammensetzen kann und damit in der Lage ist, Mischformen, also komplexe Aussagen zu verstehen. Eine Person, die auf Sie zugeht, aber den Kopf abwendet, ist nicht ablehnend. Sie ist vielleicht abgelenkt, denn die Kombination des abgewandten Kopfes mit der Ihnen zugewandten Körperfront sagt, dass die Hauptausrichtung Ihnen gilt. Soll heißen: Ich komme gleich!

Vorsicht jedoch bei Umkehrschlüssen:

Die Körpersprache sagt n i c h t eindeutig, welchen Charakter oder welches Temperament mein Gegenüber hat.

Weil die Körperausdrücke individuell und situationsabhängig sind, kann auch ein Choleriker in einer Krise ruhig und zurückhaltend reagieren, während ein heiterer Mensch an der verordneten Fröhlichkeit im Karneval nicht unbedingt Gefallen finden muss und dem Treiben mit unbewegter Miene zuschaut.

Körpersprachen sind sichtbare Realität. Zwar lassen sich die Auslöser für Körperausdrücke mit großer Sicherheit identifizieren, übergeordnete Prinzipien wie Eigenschaften einer Person können daraus nicht ohne Weiteres abgeleitet werden. Nur mit sehr großer Erfahrung und einer äußerst wachen Wahrnehmung ist der Geschulte in der Lage, treffende Charaktere und Temperamente zuzuordnen. Wir nennen das auch Menschenkenntnis.

Körpersprache orientiert sich an der Ausrichtung auf den Kommunikationspartner. Dieses Gegenüber ist Ursache und Ziel der Körperaktionen und -reaktionen. Aber es muss nicht unbedingt eine Person vor uns stehen: Typische Haltungen stellen sich genauso bei einem Telefongespräch, beim intensiven Denken an einen Menschen oder vor einem Objekt ein.

Es gibt in der Körpersprache also keine feste Regel „immer, wenn …, dann heißt das …“. Genau deshalb ist es immer wieder ein Abenteuer, Menschen zu beobachten, eigenes Verhalten zu entschlüsseln und die natürlichen Körpersprachen nach ihren Ursachen zu erforschen. Entdecken Sie spannende Zusammenhänge, lösen Sie tägliche Rätsel im Verhalten Ihrer Mitmenschen und verstehen Sie den Sinn hinter den Worten!

Die vorliegenden Kenntnisse haben wir mit Kollegen zusammen in Seminaren zu Schwerpunktthemen der Körperkommunikation gewonnen. Im Ansatz ging es um Aktions- und Reaktionsmuster: Mit spezifischen Aufgabenstellungen wurden spontane Ausdrucksformen provoziert. Anschließend gab es Vergleiche, wie ein Akteur sein Verhalten empfunden hat und wie dies bei einem Zuschauer angekommen ist. Nach mehr als 20-jähriger Forschungstätigkeit beträgt die Zahl der Versuchspersonen inzwischen etwa 1.500 Übungen wurden danach standardisiert und dienen heute Ausbildungszwecken.

Die Indizienkette

Wo müssen Sie hinschauen?

Nähe oder Distanz?

„Ich komme gleich!“, ruft der vielbeschäftigte Gemüsehändler auf dem Markt von der anderen Seite seines Standes. Es dauert aber sehr lange, bis er merkt, dass ich immer noch dastehe. Eigentlich hätte ich das sehen können: Beim Zuruf hatte er nur den Kopf nach mir umgedreht, der ganze Körper blieb nach der anderen Seite ausgerichtet. Wenn ein Gesprächspartner mit uns „über die (kalte) Schulter“ spricht, wissen wir, dass er nur geringes Interesse an uns hat. Wir erwarten seine „Zuwendung“ und diese hängt interessanterweise nicht von der Zuwendung des Kopfes, sondern von der Zuwendung der ganzen Körperfront ab, also auch des Beckenbereichs.

Das Becken, als Zentrum unseres Körpers, richten wir auf unseren Gesprächspartner aus, wenn wir uns gut verstehen, gut kennen oder wirklich mit ihm austauschen wollen. Das hat einleuchtende Gründe. Im Beckenbereich befinden sich die Fortpflanzungsorgane; darum handelt es sich hier um den entwicklungsgeschichtlich bedeutsamsten Bereich.

Bei allen bekannten Säugetieren ist der Genitalbereich am Körper derart eingerichtet, dass er sozusagen „nur mit

Genehmigung" des Betroffenen erreicht werden kann. Der gesamte Bewegungsapparat erlaubt, den Genitalbereich ohne großen Aufwand zu schützen oder zu verteidigen. Durch den aufrechten Gang des Menschen ist der Genitalbereich ungeschützt und leicht verletzbar. Nach den Kriterien der Evolution ist damit die Arterhaltung gefährdet. Folglich haben sich Verhaltensmuster entwickelt, die diesen Nachteil kompensieren. Ob die Nähe des Artgenossen gewünscht oder gemieden wird, schlägt sich – wegen fehlender Alternativen – deshalb in der Position des Beckens nieder.

Was bedeutet es also, wenn Ihr Chef breitbeinig vor Ihnen steht? In dieser Position vergrößert er die Standfläche, er wirkt breiter und nimmt mehr Raum ein – Frauen kompensieren das eher mit den Armen, die in die Hüfte gestützt werden. Der Stand Ihres Chefs ist äußerst stabil, man kann ihn schlecht aus dem Gleichgewicht bringen. Das bedeutet: Ich kann und will meinen Standort nicht ohne Weiteres verlassen. Ich versperre Weg und Sicht, deshalb kommt man an mir nicht so leicht und – vor allem – nicht so nah vorbei. Damit schafft er eine Macht-Distanz. Das wirkt dominant, autoritär, vielleicht sogar aggressiv. Es ist also keine kooperative „Chefposition"!

Was verrät der Oberkörper?

Die Partie des Brust-Schultergürtels spricht auch ununterbrochen mit. Der Oberkörper kann gestreckt oder entspannt sein. Was glauben Sie, wenn Ihr Kollege mit hängenden

Schultern versichert, das Thema, das Sie angeschnitten haben, interessiere ihn brennend? Testen Sie ihn einfach und erzählen Sie: „Um die Ecke gibt's Freibier!“ Er wird ruckartig den Rücken anspannen und fragen: „Wo?“ Das interessiert ihn offenbar wirklich.

Die Streckung des Oberkörpers ist Kraftaufwand, wir spannen die Rückenmuskeln an. Eine Folge ist, dass die Atmung tiefer wird, dass sich der Kopf hebt und dass sich automatisch eine wache Wahrnehmung einstellt. Sogar das Schweregefühl verändert sich. Damit stellt sich eine höhere Aktionsbereitschaft ein. Wer „wach“ dasitzt oder steht, reagiert schneller und bekommt mehr mit.

Die Entspannung der Rückenmuskeln dagegen krümmt den Rücken, die Schultern fallen nach vorn, der Kopf hängt, durch den Druck auf den Bauchraum verflacht die Atmung, die Aufmerksamkeit reduziert sich auf den Boden und die Eigenwahrnehmung nimmt ab. Agieren wird nahezu unmöglich, der Körper wird passiv. Das sind typische Verhaltensweisen für Trauer, Resignation, Erschöpfung.

Die Wölbung der Brust bei der Aufrichtung setzt den Willen, die Bereitschaft zur Wahrnehmung und zur Aktion voraus. Sie gibt damit Aufschluss über das Selbstbewusstsein und die Offenheit. Sie ist aber auch ein Zeichen für Herausforderung und Arroganz (Kopfstellung beachten!) und drückt die „Präsenz“ der Person aus. Ein kleiner Ausflug in die Tierwelt: Man beobachte das Imponiergehabe eines Platzhirsches oder eines Gorillas. Die Sprache kennt Formulierungen wie „sich in die Brust werfen“, „sich vor jemandem aufbauen“, „sich in Positur bringen“, „aufrichtig sein“. Allen Beschreibungen ist gemeinsam, dass es sich um eine aufrechte Oberkörperhaltung handelt, bei der der Brustkorb leicht hervorgewölbt ist, aber vor allem fällt auf, dass der Mensch seine volle Körpergröße zeigt.

Der Brust-Schultergürtel spielt beispielsweise im Ausdruckstanz, in der Pantomime und in der Akrobatik eine bedeutende Rolle. Dort hat man den Punkt in halber Höhe des Brustbeins „Sternpunkt“ (nach der lat. Bezeichnung des Brustbeins ‚sternum‘) genannt. Uns gefiel die Bezeichnung „Präsenzpunkt“ besser, weil er etwas aussagt über die Präsenz bezüglich der Situation und des Themas.

Wenn sich jemand aus irgendeinem Grund dem Kommunikationsprozess entzieht, wird zuerst der Brust-Schultergürtel zurückgenommen. Dazu rundet sich der Rücken, die Schultern fallen nach vorne; in der Steigerung fällt der Kopf auf die Brust und eventuell krümmt sich der Oberkörper. Die Gemütslagen dazu heißen: Man ist „baff“, Resignation, Schuldbewusstsein, In-sich-Gehen, Verzweiflung.

Berufsbedingt auftretende nachlässige Körperhaltungen im Rumpf wie Hohlkreuz, hängende Schultern, Rundrücken, beispielsweise durch überwiegend sitzende Tätigkeiten, führen zu einer latenten Zurücknahme des Präsenzpunktes.

Dem passt sich das Verhalten und damit die Persönlichkeit und auch die Psyche an. Damit verbunden ist in der Regel die Flachatmung, eine Atemweise, bei der das Zwerchfell wenig oder gar nicht mehr aktiv ist. Im Gegensatz zur Tiefatmung leidet die Durchblutung und damit verringert sich die verfügbare Energie für körperliche Aktivität erheblich. Ursachen mit sehr ähnlichen Folgen und Begleiterscheinungen können neben Haltungsfehlern auch Verspannungen durch Ängste, seelische Belastungen und Ähnliches sein.

Hochnäsig oder resigniert?

Von der Rückenspannung ist auch die Haltung des Kopfes abhängig, der dritte „sprechende" Bereich. Wenn Sie stolz und aufrecht aus einer schwierigen Situation herausgehen, waren Sie erfolgreich. Wenn Sie das aber übertreiben, geht die Nase in die Luft und Sie sind arrogant und hochnäsig.

Im Kopf sitzen die meisten und wichtigsten Sinnesorgane zur Wahrnehmung unserer Umwelt. Wenn ich jemanden nicht wahrnehmen will, schaue ich an ihm vorbei, höre ihn nicht, kneife den Mund zusammen, denn der „schmeckt mir nicht".

Kinder, die sich schämen, schauen auf den Boden. Wenn wir traurig sind, geht auch der Kopf nach unten und wir sind mit uns selbst beschäftigt. Die Antennen für die Außenwahrnehmung sind eingefahren.

Sie kennen den Augenblick im Krimi, wo das Opfer dem Täter nicht mehr entkommen kann und nur noch durch eine Kopfdrehung zeigt, dass es keinen Kontakt aufnehmen will. Verspricht das Opfer sich noch Chancen zu entkommen, kann das herausfordernde Fixieren des Täters „auf Augenhöhe“ eine Kampfhaltung sein.

Die verschiedenen Positionen des Kopfes sind also auch Teil unserer Körpersprache, weil wir damit Wahrnehmung zulassen oder abweisen.

Die Körperbereiche, mit denen wir am meisten aussagen, sind also:

- *Der Körperschwerpunkt, **das Becken**, vermittelt durch die Beinhaltung einen Standpunkt, Beweglichkeit und Nähe.*
- *Der **Oberkörper**, unser Präsenzbereich, zeigt in der Haltung Selbstbewusstsein, und die damit verbundene Gestik drückt Kommunikationsinhalte aus.*
- *Die Haltung des **Kopfes** bildet zusammen mit der Rückenspannung Wahrnehmungsbereitschaft und Emotionen ab. Für die Feinabstimmung von Emotionen ist die Gesichtsmimik zuständig.*

Knacken Sie den Code

Was uns bewegt

Wir wissen jetzt schon, wo wir hinschauen müssen, um erfolgreich Körpersprache zu lesen. Jetzt kommt es noch darauf an, das Beobachtete im Zusammenhang mit Gesprächspartnern und Situationen richtig zu deuten.

Was sagt uns der Bewerber Ulrich W. in den schriftlichen Unterlagen: ‚Ich bin genau der Richtige für diese Herausforderung, ich bringe eine hohe Kompetenz und viel Praxis mit, ich verfüge über Engagement und bin offen, belastbar, teamfähig.' Dann kommt der Augenblick des Kennenlernens und vor mir sitzt ein gutaussehender junger Mann mit ausdruckslosem Gesicht, wenig Blickkontakt und verschränkten Händen. Die Schultern hängen, er spricht leise und monoton. Verhält sich so ein Bewerber, der etwas bewegen will und kann? Wohl kaum. Ich frage ihn nach bisherigen Aufgaben, die ihn begeistert haben. Bei der Schilderung des Projekts schaut er zum Fenster hinaus oder auf den Boden. Schämt er sich dafür? Nein, denn eben höre ich, das Projekt wurde sogar ausgezeichnet. Will er keinen Eindruck bei mir machen? So langsam ärgere ich mich, denn warum ist er gekommen, wenn er nur sich und mich langweilt. Ich starte – mehr aus Routine – noch einen letzten Versuch: „Was machen Sie in Ihrer Freizeit?" Und jetzt verwandelt er sich und kann plötzlich packend erzählen. In einer Gruppe macht er Bergurlaube und besteigt in Österreich die höchsten Berge. Und da lebt der Mann plötzlich, die Augen blitzen, er schildert mir mit viel Blickkontakt, Mimik und Gestik die Herausforderungen der Tiroler Gipfel. Ich bin mitten im Film! – Leider reicht es aber nicht für einen Vertrag, denn dieses Engagement hätte ich gern bei den beruflichen Themen gesehen.

Wenn eine Person „voll und ganz" bei der Sache und beim Zuhörer ist, wenn sie sich intensiv mit uns befasst, dann nutzt sie alle Sendekanäle, um uns zu überzeugen. Dazu gehört die ganze Körpersprache und diese beginnt bei den Körperpositionen. Mit Körperteilpositionen werden Beziehungen zwischen dem eigenen Standpunkt und dem Kommunikationspartner hergestellt. Wenn sich der Gesprächspartner physisch auf sein Gegenüber einstellt, sind diesem alle Körperabschnitte zugewandt. Weicht ein Bereich ab, hat das immer eine Bedeutung.

Fangen wir bei unserem wichtigsten Sinnesorgan an, den Augen. Das Sehen kommt auch für den Körper an erster Stelle, es ist unser dominanter Sinneskanal. Das ist überlebenswichtig. Wir müssen alles Neue, Interessante, Wichtige optisch wahrnehmen, d. h., wir richten den Kopf aus. Ist unser Interesse geweckt und wir wollen uns mit der Person oder Sache befassen, dann wenden wir ihr unseren Körper zu.

Bei einem Pausengespräch sitzen Sie frontal vor Ihrer Kollegin, denn es geht darum, ihr klarzumachen, dass Sie keine Lust haben, morgens immer deren Kunden telefonisch mit zu betreuen, weil sie zu spät kommt. Plötzlich geht die Tür an der Seite des Raums auf, Sie wollen (und müssen biologisch) sehen, was los ist, und drehen den Kopf zur Seite. Die Kollegin ist froh, dass Sie abgelenkt sind und schaut auch erwartungsvoll dem Hausmeister entgegen. Jetzt gibt es offenbar etwas Wichtigeres, Interessanteres. Wenn die Kollegin jetzt genau schaut, dann sieht sie an Ihrer Drehung, ob Sie sich ablenken lassen oder ob Sie sich bald zurückdrehen werden. Der Hausmeister hat nur eine Information über die Wochenendschließzeiten mitzuteilen. Die Hoffnung der Kollegin geht nicht in Erfüllung, denn Gesprächsziel ist es ja, die Kritik anzubringen. In diesem Fall drehen Sie nur den Oberkörper und den Kopf zur Seite. So versteht jeder, dass Sie sich auch gleich zurückwenden und ihr Gespräch fortsetzen. Bringt Ihnen der Hausmeister aber die Nachricht, dass es im Werk brennt, dann drehen Sie sich schlagartig auch mit dem Becken ihm zu und springen auf. Alles andere ist vergessen.

Bild 1: frontal stehen, Kopf weggedreht

Bild 2: frontal stehen, Oberkörper weggedreht

Das kurze Wegdrehen des Oberkörpers lässt ein Gespräch nicht gleich zusammenbrechen. Aber wenn in Gesprächen dauernd jemand hereinkommt, der offenbar wichtiger ist, vermuten wir nicht zu Unrecht Desinteresse des Partners an uns – er *lässt* sich ablenken.

Kennen Sie Gäste, die durch nichts zum Aufbruch zu bewegen sind? Der Hausherr sitzt schon seit geraumer Zeit auf der vorderen Sesselkante, ohne sich anzulehnen, und will das Gespräch und den Abend beenden. Er stützt sich auf den Seitenlehnen ab und hat die Füße vor dem Sessel nebeneinandergestellt. Der Eindruck für jeden noch klaren Beobachter: Jetzt herrscht Aufbruchsstimmung.

Wer so sitzt, hat den Kopf noch seinen Gästen zugewandt, aber der Präsenzbereich ist deutlich zurückgenommen. Die Arme deuten Aktionsbereitschaft an, die Füße bereiten das Aufstehen vor. Wer jetzt noch sitzen bleibt, ist grob unhöflich oder schon jenseits der Wahrnehmungsgrenze. Goethe soll in solchen Situationen gesagt haben: „Böse Uhr, vertreibst mir meine lieben Gäste."

Wenn aber der Gastgeber völlig vergisst, wie spät es ist, dann ist das Gespräch fesselnd und anregend. Die typische Haltung sieht ungefähr so aus: Er beugt sich nach vorn, um gut hören zu können, stützt die Arme auf den Oberschenkeln ab – bei geradem Rücken, und hat vielleicht noch die Hände verschränkt, weil es nichts zu tun gibt. Das ist ein konzentrierter, geduldiger Zuhörer. Die Wahrnehmungsorgane im Kopf werden in den Vordergrund gerückt. Er hat durch Kopfsenken die Möglichkeit, „in sich" zu gehen, nur noch zu hören, eventuell in sich hineinzuhören. Die Präsenz im Oberkörper, also der Ausdruck des Ego, ist völlig zurückgenommen. Dafür haben wir Formulierungen wie: „an den Lippen hängen", „ganz Ohr sein".

Wir haben schon im vorigen Kapitel die sprechenden Körperbereiche benannt: Kopf-, Schulter- und Beckenregion. Je nachdem wie wir sie positionieren, kann unser Gesprächspartner viel ablesen. Ein Chefredakteur will einer begabten Volontärin den Vorschlag machen, sie nach ihrem Volontariat zu übernehmen. Er hat sie an ihrem Arbeitsplatz aufgesucht und sie setzt sich mit übereinandergeschlagenen Beinen schräg in ihren Stuhl, die Hände liegen verschränkt auf den Oberschenkeln. Nur der Kopf ist frontal ihrem Chef zugewandt. Was sie erwartet, ist ein verhältnismäßig langes und nicht sehr interessantes Gespräch. Sie kennt die Bemerkungen Ihres Chefs über „die jungen Leute, die es sich in der Redaktion bequem machen". Also glaubt sie schon zu wissen, was er ihr erzählen wird. Sie hat es sich tatsächlich bequem gemacht, indem sie schräg im Stuhl hängt. Der Gesamteindruck mit übereinandergeschlagenen Beinen und verschränkt-ruhenden Händen ist reserviert, kühl, abwartend. Und was den Chefredakteur am meisten stört, ist diese Portion Arroganz und Herablassung.

Wenn wir diesen Eindruck genau analysieren, kommen wir auf folgende Tatsachen:

Der Oberkörper, also der Präsenzbereich zeigt am Gesprächspartner vorbei. Dann ist durch die Hände der Beckenbereich, also die eigentliche Zuwendungszone verdeckt und ebenfalls nicht auf den Chefredakteur ausgerichtet. Die Hände lassen keinerlei „Handlungsbereitschaft“ erkennen, das ist die wörtliche Zurückhaltung. Lediglich der Kopf, also der Wahrnehmungsbereich ist uneingeschränkt auf den Chef ausgerichtet. So entsteht der Eindruck von Distanz und Uninteressiertheit.

Und wie ist seine Reaktion? Er setzt sich auf die Kante ihres Schreibtischs und schlägt ebenfalls die Beine übereinander. Sein Präsenzbereich, also der Oberkörper bleibt aber herausfordernd auf sie ausgerichtet. Jetzt ist er in der Stimmung, ihr ganz selbstverständlich zu sagen, dass sie sich noch anstrengen muss, wenn sie übernommen werden will. Kleine Ursache, üble Wirkung!

Körpersprachen sprechen immer direkt die Gefühle an.

Deshalb sind die möglichen Auswirkungen immens. Hier möchte ich noch einmal vor einem möglichen Missverständnis warnen: Die *sprachliche Formulierung* ist nicht eindeutig an einen *Körperausdruck* gebunden. In den Beispielen dienen die Formulierungen lediglich zur Beschreibung der Situation. Das kühle Abwarten zeigt sich nicht zwangsläufig an den eben beschriebenen Positionen. Ähnliche Formulierungen lassen sich auch auf andere körperliche Bereiche und deren Position anwenden, z. B.

im Stehen. Dazu mehr im Kapitel ‚Der entscheidende Hinweis – Was verrät die Körperhaltung?‘.

Um noch Genaueres über die einzelnen Körperteilpositionen zu erfahren, können wir uns einfach überlegen, wie ein Gesprächspartner Kontakt mit uns aufnimmt.

Machen wir mal einen Flirtversuch. Sie, männlich und wach, sehen bei einer Vernissage eine hübsche Dame. Sie steht aber mit dem Rücken zu Ihnen, den Kopf geradeaus gerichtet, von Ihnen abgewandt. Jetzt legen Sie sich aber ins Zeug, um Aufmerksamkeit zu erregen. Sie haben beschlossen, dass sich ein näheres Kennenlernen lohnt. Also sprechen Sie jetzt etwas lauter und geben sich als Experte dieser Art von Malerei zu erkennen. Es kann sein, dass die Dame den Kopf nach Ihnen umdreht. So haben Sie schon ihren Wahrnehmungsbereich und damit die erste Aufmerksamkeit gewonnen und die Mindestvoraussetzung für ein Gespräch ist hergestellt. Solange aber der Oberkörper, der Präsenzbereich, abgewandt bleibt, wird nur „über die kalte Schulter“ eine kurze Bemerkung gemacht, es gibt keine Intensivierung des Kontaktes. Sie hat ihren Ich- und Präsenzpunkt noch auf einen anderen Gesprächspartner ausgerichtet. Das Hauptinteresse liegt also dort.

So schnell geben Sie aber nicht auf. Jetzt werden Ihre klugen Bemerkungen noch schlauer und vor allem sprechen Sie mit mehr Nachdruck und Betonung. Sie reden ja nur für die Dame in deren Rücken. Und wenn jetzt der Kopfbewegung noch die Drehung des Oberkörpers in Ihre Richtung folgt, dann haben Sie fast gewonnen. Die *Zuwendung* des Brust-Schultergürtels, des Präsenzbereichs, der gleichzeitig ein Ich-Punkt ist, zeigt schon deutliches Interesse. Der bisherigen Aufmerksamkeit wird das „Dabei-sein-Wollen“ hinzugefügt. In dieser Haltung steht nur noch der Intimbereich in der Ausgangsorientierung. Das bedeutet aber, dass in dieser Richtung ein dringender, privater, ureigener Reiz vorhanden sein muss.

Da sich die entstehende Muskelspannung im Hüftbereich nicht lange aushalten lässt, setzt meistens eine Eindrehung des Beckens ein, sie folgt der vorausgegangenen Oberkörperwendung – wir sprechen dann von einer *Hin*wendung. Und genau deshalb haben Sie sich so ins Zeug gelegt, jetzt können Sie mit der Dame plaudern.

In der bisher beschriebenen Folge wenden sich die einzelnen Körperabschnitte vom Kopf beginnend um, einer nach dem anderen. Je nach Interessenlage oder Wichtigkeit kann die Bewegung innehalten oder in die Ausgangslage zurückführen.

Was nicht fürs Flirten taugt, ist ein „Earcatcher“ durch lautes Rufen oder Schreien.

Der Bewegungsablauf zeigt dann ein ganz anderes Muster. Jetzt ist alles Reflex, die Umwendung setzt sofort am Becken ein, Rumpf und Kopf folgen gleichzeitig. Es könnte ja überlebenswichtig sein und dann greift das archetypische Verhalten, die Reaktion muss schnell und genau erfolgen.

Die beschriebenen Abläufe sind typisch, wenn wir angesprochen werden, wenn also der Anreiz, die Körperposition zu verändern, von außen kommt. Wir brauchen dazu aber nicht nur den äußeren Anlass. Wir schaffen das auch selbst, unseren Körper durch selbst erzeugte Anreize in andere Haltungen zu bringen.

Sie stürzen – mal wieder etwas zu spät – morgens aus der Haustür. Bevor Sie diese zuschlagen, kommt der prüfende Griff zur Hosentasche: Wo ist mein Schlüssel? Suchen löst Bewegungsimpulse im Becken- und nachfolgend im Brustbereich aus, d. h., der Körper bewegt sich im Schwerpunkt. Jetzt gehen Sie zurück, zuerst in Richtung Küche, weil Sie dort gefrühstückt haben. Aber bevor Sie noch hineinschauen können, weiß Ihr Körper, dass die Schlüssel nicht dort sind. Schon nach wenigen Schritten und Bewegungen wird Ihnen klar, ob Sie auf dem „richtigen Weg" sind oder nicht. Sind Sie es nicht, setzt der Körper ruckartig eine andere Bewegungsrichtung an. Manchmal weiß der Körper mehr als der Kopf; dieses Know-how nennen die Verhaltensforscher Körpergedächtnis. Man merkt sich einen Raum oder Raumpunkt im Zusammenhang mit einem Gegenstand oder Inhalt.

Und mit dem nächsten Beispiel sind wir wieder voll im Krimi: Wenn der Täter sich noch in der Wohnung versteckt und ein nichts ahnender Bewohner mit dem Rücken zu dessen Versteck steht, dann gibt es eine interessante Energieübertragung. Der Bewohner empfindet die Situation als bedrohlich und dreht sich schlagartig auf einen Impuls hin um. Er muss sehen, was hinter seinem Rücken vorgeht. Diese rasche Drehung beginnt wieder im Beckenbereich, d. h., die Bewegung setzt am Schwerpunkt an, denn nur so kann es wirklich schnell gehen.

In beiden Fällen handelt es sich um sehr plötzliche, schnelle Bewegungsabläufe bzw. um abrupte Bewegungsänderungen. Der Bewegungsablauf lässt sich physikalisch dadurch erklären, dass der Körper sehr schnell und präzise eine neue Position einnehmen kann. Ein Ablauf in der zuerst beschriebenen Reihenfolge – Kopf, Oberkörper, Becken – würde zu Instabilität führen. Bei schnellen Bewegungen treten Schwingungen um die Körperachse auf und wir haben keinen festen Stand mehr.

Je nachdem wie wir eine Situation einschätzen, haben wir andere Vorgehensweisen, uns zu bewegen. Das bedeutet aber doch, dass die Folge der einzelnen Teilbewegungen aussagt, welche Bedeutung wir dem auslösenden Anlass beimessen.

Die Position der Körperteile verrät die Orientierung einer Person und ihre „Anteilnahme“.

Für eine vertrauensvolle, entspannte Gesprächsatmosphäre ist es wichtig, auf Hin- und Wegwendung zu reagieren. Bei n-tv sitzt ein Experte im Interview, der viel zum Thema beizutragen hat. Er ist als Medienlaie aber nicht die unangenehme Nähe bei Gesprächen im Fernsehen gewohnt. Er sitzt mit dem Interviewer fast Knie an Knie. Also versucht er, sich wenigstens mit dem Oberkörper so weit wie möglich in seinem Sessel zurückzulehnen, um größtmögliche Distanz bei dieser Sitzanordnung zu erzeugen. In jeder anderen Situation müsste der Interviewer jetzt reagieren und die Distanz vergrößern, damit sich sein Gesprächspartner wieder wohlfühlt. Das verbietet leider hier die Kamera.

Auch alles, was wir bei einem Gespräch hören, sehen, riechen, fühlen und schmecken, beeinflusst die Position unserer verschiedenen Körperbereiche. Deshalb achten Sie immer auf solche Störungen während einer Verhandlung oder eines Gesprächs und berücksichtigen Sie diese durch angemessene Reaktionen. Sie können z. B. bei Fluglärm langsamer sprechen oder kurz unterbrechen. Oder bei optischer Ablenkung sollten Sie einfach über die gemeinsame Beobachtung reden, um dann wieder zum Thema zurückzukehren. Auf keinen Fall sollten Sie solche Störungen mit dem klugen Kopf übergehen, denn der Körper reagiert immer.

Körperteilpositionen vermitteln die Ausrichtung einer Person:

- *Der **Unterkörper** gibt die statische Ausrichtung an, die **Richtung mit dem größten Interesse**.*
- *Der **Oberkörper und der Kopf** drücken das dynamische Interesse aus: Ablenkung, kurzzeitige oder **vorübergehende Wahrnehmung** (Sitz der wichtigsten Sinnesorgane).*

Der entscheidende Hinweis

Was verrät die Körperhaltung?

Eine Sprache, auf die jeder Mensch reagiert, obwohl niemand sie bewusst versteht, ist das körperliche Verhalten. Was macht Dieter Bohlen, wenn er wieder einen deftigen Spruch losgeworden ist? Er lehnt sich genüsslich zurück, breitet auf der Lehne seines Sofas die Arme aus und lacht aus vollem Hals oder kommentiert „im Brustton der Überzeugung“. So ist er auch sitzend eine Größe, mit der man in der Sendung rechnen muss. Im vorigen Kapitel haben wir schon gesehen, dass so die Präsenz erhöht wird. Eine Haltung, die die Öffnung zur Außenwelt betont.

Wir nutzen aber auch oft Verschlusshaltungen. Dabei wird die Körperachse gekrümmt, Arme oder Beine werden verschränkt. Das hat heftige Folgen für unser Erscheinungsbild: Brust- und Beckenbereich werden verdeckt, geschützt. Sie lassen weniger Nähe zu und zeigen weniger Präsenz.

Eine junge Pressesprecherin stand zur Eröffnung der Pressekonferenz neben dem Rednerpult und hatte die Hände vor dem Körper verschränkt. Als sie zu sprechen begann, löste sich diese gesammelte Haltung und sie gestikulierte ganz natürlich. Aber als in der Fragerunde ein Journalist zum Angriff überging, blieben die Hände dauerhaft verschränkt, die Arme wanderten höher und plötzlich verschränkte sie noch die Beine. Was kann der Körper jetzt noch tun? Wenig, denn der Stand ist instabil. Brust- und Beckenbereich sind aus der Kommunikation herausgenommen. Das ist ein klares Zeichen: Mit dir will ich nichts zu tun haben, ich muss mich schützen. Ein anderes Beispiel liefert uns der Blick in den Boxring: das Taxieren zweier Kämpfender mit vorgebeugtem Oberkörper, vorgestrecktem Kopf und einer totalen Rückhaltung des Beckenbereiches; hier wird der Genitalbereich aus der Reichweite des Gegners herausgenommen, um ihn zu schützen.

Je weiter sich dagegen ein Kommunikationspartner öffnet, umso mehr bringt er körperlich ein: seine Person, seine Identität. Das beginnt beim Ausbreiten der Arme zur Begrüßung von guten Freunden, geht über die herzliche Umarmung zur körperlichen Vereinigung von Liebenden – die laut Verhaltensforschung Kampfelemente beinhaltet.

Reden wir aber mal übers Abhängen, Durchhängen und Abschlaffen. Dann werden Spannungen abgebaut und wir lassen Schultern, Arme, Kopf hängen. Die Muskelspannung im ganzen Körper wird aufs Nötigste reduziert. Das passiert immer dann, wenn wir körperlich erschöpft sind. Denken Sie an einen Marathonläufer beim Zieleinlauf. Ein anderer Auslöser für denselben Körperzustand sind Stimmungen, die demotivieren: Resignation, Passivität, totales Sich-Zurückziehen wie in der Depression. Der lasche, schlaffe Eindruck gleicht der Erschöpfung nach körperlicher Aktion.

Einem Menschen in diesem Zustand trauen wir nichts mehr zu. Sie würden niemanden, der außer Atem ist und völlig ausgepumpt vor Ihnen steht, ansprechen, damit er Ihnen beim Schleppen einer schweren Umzugskiste hilft.

Diese Unterspannung im ganzen Körper hat noch weitere Auswirkungen: Die kraftlos herabhängenden Schultern erzeugen über das Brustbein Druck auf das Zwerchfell, der Bauch wölbt sich vor. Die Folge: Die „flache" Atmung erlaubt nur einen geringen Luftdurchsatz in der Lunge. Die äußeren Merkmale: Kurzatmigkeit bei Belastung, Kraftlosigkeit im Rumpfbereich. Das ist der Eindruck von Schwäche, Passivität, Resignation, Müdigkeit, Faulheit, Depression, Teilnahmslosigkeit. Nichts weist auf eine Orientierung der Person nach außen, im Gegenteil, die Person entzieht sich der Umgebung, sie nimmt an einem Kommunikationsprozess nur noch passiv teil.

Bild 3: Begrüßung mit ausgebreiteten Armen

Bild 4: erschöpfte Person

Wenn Sie bei Ihren Freunden eingeladen sind und diese empfangen Sie mit ausgebreiteten Armen, dann fühlen Sie sich richtig willkommen. Steht aber die Gastgeberin mit hängenden Armen und traurigem Gesicht vor Ihnen, dann wissen Sie, dass es jetzt besser ist, die Einladung rückgängig zu machen und ein anderes Mal wiederzukommen. Es muss etwas passiert sein, was Ihre Gastgeberin völlig demotiviert. Vielleicht ist das Abendessen missglückt. Wenn Sie aber eine Idee haben, das Ganze zu retten, dann werden Sie sehen, wie Ihr Gegenüber „aufblüht". Es kommt wieder Spannung in den Rücken, der Kopf hebt sich, die Beine sind gestreckt, der Brustkasten wölbt sich vor. So sieht ein hoffnungsvoller Mensch aus.

Das können wir noch steigern. Wenn wir „auf dem Sprung" sind, „gleich platzen", „an die Decke gehen", „es uns vom Stuhl reißt", dann sind alle Aktivitäten von Kopf bis Fuß nach außen gerichtet: Wir wirken extrovertiert, im Extremfall aggressiv. Im Bestreben, den Brustraum immer weiter vorzuwölben, setzt man sich automatisch in Gang – damit verlässt man den eigenen „Raum" und beschreitet „neues Terrain".

Die bereits erwähnte Personalchefin kam eines Tages aus einem Bewerbergespräch. Ihr Kollege fragte: „Na, wie ist es gelaufen mit diesem Superkandidaten?" – „Der übernimmt morgen die ganze Firma, ich will ihn nicht haben." Der Superkandidat hatte sich coachen lassen: Zeig dich immer aktiv! Bring Energie ein, sei neugierig und interessiert! Alles nicht verkehrt, aber es war wohl zu viel.

Unser Bewerber saß nach Aussagen der Personalchefin auf der Stuhlkante mit durchgestrecktem Rücken, die Beine bereit zum Sprung. Entsprechend forsch waren dann seine Äußerungen. Er wollte das Gespräch „führen", diese Funktion hatte aber seine Gesprächspartnerin.

Gut ist der Einsatz einer solch aktiven Körpersprache, wenn es darum geht, uns irgendwo durchzusetzen. Die Streckung des Rückens strafft automatisch den Brust-Schultergürtel, der Brustbereich hebt sich an, die Bauchdecke strafft sich, der Unterbauch wird entlastet. Man macht eine gute Figur. Dadurch wird die Atmung tiefer, der Luftdurchsatz größer, das Lungenvolumen besser genutzt. Die äußeren Merkmale: kontrollierte, tiefe, ruhige Atmung, aufgerichteter Körper, kein herausgedrückter Bauch. Und jetzt ist der Eindruck auf die Umwelt beeindruckend: wach, selbstbewusst, kräftig, zupackend, herausfordernd, aktiv. Alles weist darauf hin, dass ich am Geschehen aktiv teilnehmen will. Jetzt tritt die „Persönlichkeit" in den Vordergrund.

Der Brustkorb ist darüber hinaus ein sehr elastischer Körperbereich, d. h., er verträgt Knüffe und Püffe, ohne dabei Schaden zu nehmen. Mit dem Hervortreten des Präsenzpunktes setzt man den Körper bewusst oder unbewusst Angriffsmöglichkeiten aus. Bewusst geschieht das bei der Herausforderung, unbewusst beispielsweise beim Erstaunen und neugierigen Betrachten. Der vorgewölbte Brustkorb ist der Anzeiger für körperliche und kommunikative Energie.

Der Oberkörper, unser Präsenzbereich, zeigt das Interesse an einer Person oder Situation.

Wird die Spannung im Präsenzbereich übertrieben und dazu noch der Kopf angehoben, dann nennen wir einen solchen Menschen hochnäsig, aufgeblasen, arrogant, überheblich, aggressiv, affektiert. Wir sprechen von einer Übersteigerung der Persönlichkeit. Nun kann man einwenden, dass Überheblichkeit nicht alleine am Präsenzbereich abzulesen ist. Das ist richtig, aber Überheblichkeit setzt zunächst einmal eine tüchtige Portion Selbstbewusstsein voraus, daneben auch die Bereitschaft, Risiken einzugehen, sich zur Disposition zu stellen. Dass es sich dabei um „Überheblichkeit" handelt, erfahren wir durch Überspannungen im Rücken, besonders aber im Nacken mit typischen Kopfhaltungen, z. B. das vorgereckte Kinn.

Mit breiter Brust und zurückgelegtem Kopf ging der Gewerkschaftsvertreter auf einen Journalisten zu: „Das sag ich Ihnen, Sie drucken dieses Mal nicht, dass die Gewerkschaft gemeinsame Sache mit dem Arbeitgeber macht." – „Nein, das lässt sich bequemer twittern." Die Drohgebärde war völlig umsonst, denn der Journalist war in seine E-Mails vertieft. Wäre er inhaltlich nicht abgelenkt gewesen, hätte er hören können, dass dieser Satz mit hoher Spannung gesprochen wurde.

Was hat es mit dieser Hochnäsigkeit, dem vorgereckten Kinn genau auf sich? Wenn man in dieser Haltung bewusst die Schultern nach vorn fallen lässt und damit den Brustbereich absenkt, entsteht der Eindruck von Hilflosigkeit und mühsamer Aufrichtung. Das vorgereckte Kinn alleine ist also kein Indiz für Überheblichkeit! Es kann auch ein Zeichen für Neugier oder kritische Begutachtung sein.

Warum wir lieber entspannt oder angespannt dastehen, das regelt unser Unterbewusstsein. In manchen Situationen spüren wir instinktiv, dass es besser ist, sich jetzt in voller Länge zu zeigen oder sich klein und unsichtbar zu machen. Das haben wir schon in der Schule gelernt, entweder das Durchsetzungsprogramm auf dem Pausenhof oder das Sich-Ducken, wenn der Lehrer die Aufgaben abfragt. Abgesehen von bestimmten Situationen zeigt unsere Körperhaltung auch entscheidende Merkmale der Persönlichkeit. Und die Projektion der Persönlichkeit nach außen geschieht durch den Brust-Schultergürtel.

Für den Ausdruck des Selbstbewusstseins ist also das Hervortreten des Präsenzbereichs eine notwendige Voraussetzung. Weil aber die meisten von uns ihr halbes Leben sitzend verbringen, von der Schule bis hin zum späteren Arbeitsplatz, richten wir uns nicht mehr zu voller Länge auf. Beobachten Sie nur, wie Kollegen über ihrer Tastatur hängen, sich plötzlich entschließen, zum Kaffeeautomaten zu gehen, aufstehen und die gebückte Haltung im Oberkörper beibehalten. Unsere Rückenmuskulatur meldet uns nicht mehr: Jetzt stehst du normal, jetzt gebückt. Wenn wir uns dann mal strecken, kommt uns die aufrechte Haltung schon vollkommen angeberisch vor.

Ein weiteres Phänomen ist die geduckte Haltung, wenn wir ins Handy schauen. Und das ist inzwischen überall der Normalfall. Mütter mit Kinderwagen übersehen die rote Ampel und gehen auf eine vierspurige Straße, Schüler übersehen die heranfahrende Straßenbahn, Erwachsene auf dem Weg zur Arbeit stolpern über Rollstuhlfahrer und laufen gegen Krücken … Ganz abgesehen davon, dass wir unsere Umwelt nicht mehr wahrnehmen. Wir erkennen den Nachbarn nicht, der uns grüßt, wir lächeln kein Kind mehr an, das auf uns zugelaufen kommt, wir sind inzwischen – fast alle – die perfekten Umgebungs-Ignoranten. Die Aktion „Kopf hoch – das Handy kann warten!“ haben deshalb Sender und Verkehrsbetriebe aus Sicherheitsgründen ins Leben gerufen. Physiotherapeuten berichten seit einiger Zeit von mehr Patienten mit Nackenverspannungen. Der gesenkte Kopf über dem Display produziert lauter Menschen, die sich schämen, die den Kopf hängen lassen, die sich wegducken, die kraftlos wirken, die keine Lust haben, die resigniert sind oder deprimiert. Das Außenbild gibt diese und noch mehr Deutungen vor.

Geht aber ein Mensch aufrecht durchs Leben, strahlt er Selbstsicherheit Entschlossenheit, Aufnahmebereitschaft usw. aus. Phänomenal ist auch die Rückwirkung dieser Haltung auf unser Befinden: Schreitet man aufgerichtet durch die Gegend, sind auch die Sinne wach. Wir sehen mehr, nehmen Einzelheiten in Hüft-, Kopf und Über-

Kopfhöhe wahr, der Blick schweift über eine relativ große Distanz. Man fühlt sich leicht.

Latscht man dagegen mit hängenden Schultern und ebensolchem Kopf, dann nehmen wir nur bodennahe Dinge wahr, und die noch nicht einmal aufmerksam. Der Blick sucht, wir fühlen uns schwer wie ein Sack Kartoffeln. Und jetzt wird's spannend: Wenn Sie das wissen, können Sie Ihre Körperhaltung auch zur Selbstmotivation nutzen. Heute ist nicht mein Tag, aber ich soll mit einer Präsentation zum neuen Sicherheitsprogramm meine Kollegen motivieren. Stellen Sie sich in diesem Fall besonders aufrecht vor die Gruppe – der Rücken meldet ja nur die Hälfte. Es muss eine kleine Spannung in der Brustmuskulatur zu spüren sein, dann sagt Ihre Haltung: Ich hab was Wichtiges zu sagen. Das bedeutet keinesfalls: Ich bin wichtig. Das vermeiden wir zu Recht. Wir betonen also durch den gestreckten Rücken unsere Funktion, nicht unsere Person. Wenn Sie so aufgerichtet stehen, kommt der Kreislauf in Schwung, Gestik und Mimik sind lebendiger und es dauert nicht lange, bis Sie sich auch so fühlen.

Übung:

Nehmen Sie in Ihrer gewohnten Umgebung abwechselnd zwei extreme Rumpfhaltungen ein:
a) gestreckt, aufrecht, erhobenen Hauptes
b) hängende Schultern, Rundrücken, vorgestrecktes Kinn.
Behalten Sie diese Grundhaltungen auch in den Bewegungen bei.

Achten Sie auf die Reaktionen von Angehörigen, Freunden usw.,

- *wie diese auf Sie zugehen,*
- *wie man mit Ihnen spricht,*
- *welche Körperhaltungen Ihr Gegenüber einnimmt.*

Wiederholen Sie dasselbe auf der Straße und achten Sie darauf,

- *wie man Ihnen ausweicht,*
- *wie man Sie grüßt,*
- *wie man Sie anschaut.*

Vor der Intendanz eines Senders bin ich mit jungen Kolleginnen und einem Kollegen auf und ab gegangen. Wir sahen sicher nicht bedeutend aus, alle um die dreißig, leger gekleidet. Aber wenn wir uns aufgerichtet haben, hat jeder Platz gemacht und einige schauten irritiert, ob man diese Leute kennen sollte. Vorsichtshalber wurden wir auch mehrfach gegrüßt. – Probieren Sie es aus!

Körperhaltungen bestimmen offensives oder defensives Verhalten:
- **Wir können uns verschließen oder**
- **nach außen öffnen.**

Der Standpunkt

In diesem Zusammenhang müssen wir uns auch anschauen, wie wir eigentlich dastehen, was unsere Beine zur Körperhaltung beisteuern.

Die Körpersilhouette lässt sich verkleinern und vergrößern. Verbreiternd wirken in die Hüfte gestützte Arme und gespreizte Beine, schmälernd dagegen zusammengezogene Schultern, verwundene Arme und übergeschlagene Beine. Auch die Standposition im Profil verkleinert die Silhouette, sie deutet die Abwendung an.

Füße, Beine und Schwerpunkt dienen der Fortbewegung – in kommunikativer Hinsicht bedeutet das: Annäherung oder Flucht. Im Beckenbereich sind von den Bewegungen auch die Genitalien mittelbar betroffen.

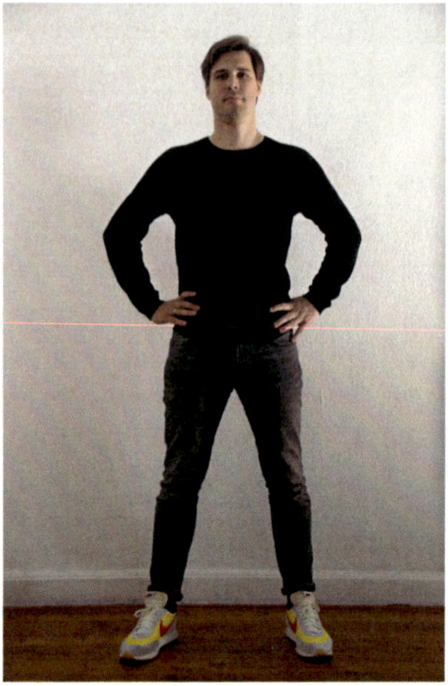

Bild 5: breitbeinig stehen, in der Hüfte aufgestützte Arme

Bild 6: Stand eng, verschränkte Arme

Am Bahnhof sehe ich eine Gruppe Jugendlicher, offenbar Bayern-Fans. Sie sind lautstark und versperren den Weg zum Bahnsteig. Kann ich es riskieren, einfach durch die Gruppe durchzugehen? Das Grölen nimmt noch zu und ich sehe, wie die vordere Reihe breitbeinig das Imponiergehabe übt. Viele leere Bierflaschen rollen über den Bahnsteig oder werden gekickt. Bei genauerem Hinsehen gibt es aber an der rechten Seite einige, die einfach so dabeistehen, etwas unbeteiligt, und mehrere, die bei aller Breitbeinigkeit die Hände hinter dem Rücken verschränkt halten und vor- und zurückwippen.

Das kenne ich von mir, wenn ich nicht gut vorbereitet bin und eine Präsentation halten soll. Dann fühle ich mich nämlich nicht sehr wohl, und so stehe ich auch da: Eigentlich will ich jetzt nicht präsentieren, aber es ist meine Aufgabe.

In der Gruppe der Bayern-Fans stehen in der Mitte viele, die ganz locker Standbein und Spielbein benutzen, also das Gewicht nur auf einem Bein haben, das vordere ist angewinkelt. Das ist sehr bequem und überhaupt nicht bedrohlich, denn damit kann ich richtig kommunikativ auf jemanden zugehen, Neugier zeigen, mich vorwärtsbewegen. Ist das Spielbein nach hinten gestellt, zeichnet sich eine Rückzugsbewegung ab. Eine typische Standposition von Teilnehmern in einer Gesprächsrunde, die einen Einwand äußern, „etwas vorbringen“, um dann aber wieder in defensive Teilnahme zurückzukehren. Die meisten aber in dieser lauten Gruppe stehen mit dem Spielbein zur Seite gestellt.

Das lässt eine seitliche Gleichgewichtsverlagerung zu. Die Person hat einen indifferenten Stand eingenommen: Sie kann ihre Position verändern, ohne sich dabei auf den Partner zu- oder von ihm wegzubewegen. Anders ausgedrückt: Die Person hat keine festgelegte Perspektive, sie ist bereit, sich mit anderen Gesichtspunkten auseinanderzusetzen.

Beobachten bringt doch eine Menge! Und so wage ich mich auf der rechten Seite des Pulks an die Fans heran. Hier stehen die mit den auf dem Rücken verschränkten Händen. Dann gehe ich auf den Kern der Gruppe zu, wo die „Chefs" ganz locker stehen, denn sie sind ja mitten unter Freunden. Der Bahnsteig hinter der Gruppe ist leer, also müssen die letzten der Gruppe nichts verteidigen. Sie beachten mich gar nicht. Es hat geklappt, ich bin durch!

Einen Gefallen haben sie mir aber nicht getan, die Bayern-Fans: Keiner stand mit übergeschlagenen Beinen im Kreis. Die hätte ich mir sofort ausgesucht, denn das ist eine Haltung, die im Stehen sehr instabil ist. Hier ist dem Schwerpunkt jede Beweglichkeit genommen, die Standfläche verkleinert sich. Vor allem aber wird der Beckenbereich aus der Konfrontation leicht herausgedreht und mit den Oberschenkeln verdeckt. Diese Position wirkt unsicher, schüchtern, verschämt, leicht distanziert, Rumpf- und Kopfbereich gewinnen an Dynamik und Bedeutung. Klar, dass das keine Standhaltung für „starke Männer" ist.

Schauen wir uns doch mal die Standhaltungen einzeln an, damit Sie diese in jeder Situation deuten können.

Zunächst das **breitbeinige Stehen**: In dieser Position vergrößern wir die Standfläche, wir nehmen nach den Seiten mehr Raum ein und stehen felsenfest. Dieser Stand ist äußerst stabil, man kann uns schlecht aus dem Gleichgewicht bringen. Das gibt Sicherheit, die wir nicht ohne Not aufgeben. Außerdem steht ein solcher Mensch auch richtig „im Weg“ und versperrt den Durchgang und die Sicht. Deshalb kommt man an ihm nicht so leicht und vor allem: nicht so nah vorbei. Damit verschafft er sich eine „achtbare“ Distanz. Sympathisch ist diese Haltung nicht, sie macht einen herrischen, autoritären, aggressiven Eindruck.

Dagegen sagt das Stehen mit **eng geschlossenen Füßen** etwas über die Unsicherheit eines Menschen aus. Dieser will sich nicht bemerkbar machen, nimmt keinen Raum ein und verkleinert seine natürliche Standfläche. Damit steht er nicht stabil und ist leicht aus dem Gleichgewicht zu bringen. Mehr Raum einzunehmen – schon in der Standhaltung –, das ist eine ständige Aufgabe in den Coachings für weibliche Führungskräfte.

Der **natürliche Stand** mit dem Gewicht auf beiden Füßen, die im Hüftabstand nebeneinanderstehen, lässt dagegen alle Möglichkeiten offen: fortbewegen oder stehen bleiben. Es ist eine typische Übergangshaltung, die meist nicht sehr lange unverändert beibehalten wird.

Bei Verlegenheits-Rednern gehören dazu die vor oder hinter dem Rumpf verschränkten Hände – und ein beginnendes Wippen auf den Zehenspitzen. Das ist ein typisches Zeichen für einen unterdrückten Bewegungsdrang, der Unbehagen oder mangelnde Vorbereitung verrät. Bei seiner Rede vor den Mitarbeitern des Außendienstes hatte der Vertriebschef eine fremde Präsentation vom erkrankten Stellvertreter übernommen. Natürlich kannte er sich in der Materie aus, aber er wusste nie, was als nächstes kommen würde und hätte sicher die Inhalte anders aufbereitet. Das genügte schon, um ein unruhiges Trippeln von einem Bein aufs andere zu erzeugen: Er konnte nicht „zu dem stehen“, was er sagte. Dazu bedarf es der souveränen Ruhe. Es waren nur wenige Folien, also legte er irgendwann die Funkmouse weg und verschränkte die Hände. Seine geistige Unruhe übertrug sich sofort wieder auf die Beine, die jetzt durch das typische Wippen vom Stand auf die Zehenspitzen und wieder zurück die gesamte Körperspannung abbauen wollten.

Aber jetzt kam noch steigende Unsicherheit dazu, denn die Mitarbeiter fingen an zu lächeln und zu grinsen. Die Ursache konnte er nicht ahnen: Er stand unglücklicherweise in der Projektion einer gelben Kreisgrafik. Und immer, wenn er durch Wippen größer wurde, hatte er einen richtigen Heiligenschein.

Wenn bei einem stehenden Zuhörer das Wippen auftritt, handelt es sich um deutliche Ausdrücke von Langeweile, Pflichterfüllung, gezwungener Ergebenheit – also letztlich auch mangelndes Wohlbehagen. Wenn ein Vorgesetzter das bemerkt, sollte er schnellstens zum Ende kommen. Dann erntet er wenigstens noch ein erleichtertes Lächeln.

Eine als sehr bequem empfundene Standhaltung ist die **Standbein-Spielbein-Position**. Das vorangesetzte, unbelastete Spielbein ist im Knie leicht angewinkelt. Damit ist schon der Ansatz zu einem Vorwärtsschritt gemacht, auf den Kommunikationspartner zu. Je nach Gesprächsinhalt kann es sein, dass ich nachdrücklicher, eindringlicher werden will oder offensiv, neugierig auf den Partner zugehe. Indem wir jemandem etwas „näherbringen", „beibringen" wollen, bewegt sich der ganze Körper mit. Das sind wieder die angeborenen biologischen Zwänge, die Archetypen, die Körpersprache so gut lesbar machen. Bei Neugier gehen wir auf einen Gegenstand zu, recken den Hals, bringen den Präsenzpunkt nach vorn und stellen uns auf die Zehenspitzen oder beugen uns vor. Das alles bringt uns räumlich dem Objekt näher, wir wollen es unbedingt wissen.

Bild 7: Standbein-Spielbein-Haltung

Ist das Spielbein nach hinten gestellt, zeichnet sich eine Rückzugsbewegung ab. Sie können das beobachten, wenn eine Gruppe von Leuten zusammensteht und jemand etwas einwendet, etwas „vorbringt", um dann aber wieder nur zuzuhören. Diese Position tritt häufig in Verbindung mit dem vorgesetzten Spielbein auf, was sich auch leicht daraus ableiten lässt, dass beide Positionen durch Schwerpunktverschiebungen auseinander hervorgehen. Je nachdem ob ich in Schrittstellung das vordere oder das hintere Bein belaste, bringe ich etwas vor oder ziehe mich zurück.

Dann gibt es natürlich auch noch den Fall, dass das Spielbein zur Seite gestellt ist. Diese Haltung lässt nur eine seitliche Gleichgewichtsverlagerung zu. Die Person hat einen indifferenten Stand eingenommen. Sie kann ihre Position durch Gewichtsverlagerung verändern, ohne sich dabei auf den Partner zu- oder von ihm wegzubewegen. Es besteht also kein Anlass, auf das Gegenüber zuzugehen oder sich zu distanzieren. Anders ausgedrückt: Die Person hat keine festgelegte Perspektive, sie ist bereit, sich mit anderen Gesichtspunkten auseinanderzusetzen. Was würden Sie sagen, wenn Sie vor die Wahl gestellt werden, sich entweder für einen Traumurlaub oder für ein Traumfahrzeug zu entscheiden. Genau: je nachdem. Sie fangen sofort an, „einerseits" und „andererseits" abzuwägen. Und diese Gedanken sind sichtbar. Wenn Sie stehen, belasten Sie mal das eine, dann das andere Bein, und im Sitzen ist es der Kopf, der sich von einer Seite zur anderen neigt. Wir nennen das abwägen.

Häufig wird kritisch angemerkt, dass bereits die einseitige dauerhafte Belastung eines Beines ausreiche, das Standbein wechseln zu müssen. Richtig, aber sind wir von einem Gespräch, einer Darbietung gefesselt, fallen uns unbequeme Sitz- oder Standhaltungen nicht auf, solange die Schmerzgrenze nicht erreicht wird. Selbstverständlich ist es auf Dauer ermüdend, ein und dieselbe Körperhaltung beizubehalten. Haltungswechsel gibt es aber nur, wenn die Aufmerksamkeit es zulässt, dass wir die Ermüdung registrieren. Es kann sein, dass die Konzentration auf den Partner nachlässt, weil er sich wiederholt, oder dass uns der Partner unbewusst zu einem Standpunktwechsel veranlasst, wenn er sich widerspricht oder neue Gesichtspunkte einbringt.

Natürlich fallen einem dazu sofort eine ganze Reihe begleitender Arm-Kopfhaltungen und Gesichtsausdrücke ein. Sie haben aber auf den „Standpunkt“, Offensive oder Defensive, keinen Einfluss. Der Gesichtsausdruck kann zwar Entschlossenheit, Angst, Grimm erkennen lassen – aber er kann nichts darüber aussagen, ob der Betroffene in die Offensive geht oder nicht. Verschränkte Arme sagen uns, dass der Betroffene nicht handlungsbereit ist. Ob das auf jeden Fall mit einer defensiven Grundhaltung verbunden ist, ist nicht eindeutig festzustellen. Das Ausdrucksrepertoire – der Wortschatz – von Armen, Händen oder Gesicht reicht nicht aus, um etwas über den Standpunkt auszusagen. Der Körperschwerpunkt im Becken dagegen zeigt ganz wörtlich, welches „Gewicht“ in eine Aussage zu legen ist.

Jetzt müssen wir aber noch die **übereinander geschlagenen Beine** anschauen. Diese Position geht im Sitzen und im Stehen. Wenn wir im Stand ein Bein über das andere schlagen, sind wir in der Körperachse unbeweglich und sehr labil. Ein Schubs und die Figur fällt um, denn die Standfläche verkleinert sich, die Standfestigkeit lässt nach. Vor allem aber wird der Beckenbereich aus der Konfrontation leicht herausgedreht und mit den Oberschenkeln verdeckt. Das wirkt unsicher, schüchtern, verschämt, leicht distanziert, Rumpf- und Kopfbereich gewinnen an Dynamik und Bedeutung.

Gehen Sie einmal zügig auf eine wartende Person an der Bushaltestelle zu. Ab einer bestimmten, individuell ausgeprägten Distanz überschlägt sie plötzlich die Beine oder wendet sich weg. Damit wird das Becken aus der Konfrontation herausgedreht. Es geht hier wieder um den Schutz des Genitalbereichs. Nähe ist nicht erwünscht. Frauen in kurzen Röcken schlagen die Beine schon bei größeren Distanzen übereinander. Tragen sie Hosen, setzt dieser Reflex später ein.

Wenn Sie nach der Abfahrtszeit fragen wollen, stürmen Sie nicht auf den anderen zu, sondern Sie gehen langsam und beachten eine gewisse Distanz. Wenn Sie mit dieser Person aber flirten wollen, dann ist selbstverständlich von Ihrer Seite die Nähe erwünscht, aber beobachten Sie unbedingt alle Reaktionen genau. Es kann durchaus zum Erfolg führen, wenn der andere sich respektiert fühlt, weil Sie einfach auch mal stehen bleiben, wenn dieser die Beine verschränkt oder sich etwas aus der Achse dreht.

In diesem Zusammenhang muss man berücksichtigen, dass es unser Sozialverhalten nicht zulässt, vor jedem Menschen, der uns fremd ist oder den wir nicht sympathisch finden, davonzulaufen. Der vorhandene Fluchtmechanismus wird übertragen in Verhaltensweisen und Haltungen, die die empfindlichen Körperstellen schützen und Distanzen und Hindernisse aufbauen.

Verschränkungen der Extremitäten haben entscheidende Folgen für die Fähigkeit, sich zu bewegen, sicher zu stehen oder etwas wahrzunehmen.

Mit Körperhaltungen werden Distanzen gesteuert.

Den Fluchtmechanismus kennen Sie, wenn Sie Lampenfieber vor einer Präsentation oder Rede haben. Das ist die natürliche biologische Reaktion auf eine gefährliche Situation: viele gegen einen. Sie wissen ja nicht, ob die Zuhörer alle harmlos sind. Vielleicht hat einer das Messer in der Tasche. Und Ihr Instinkt sagt Ihnen: nichts wie weg hier! Das ist der Fluchtreflex in Ihren Beinen. Der Kopf korrigiert aber: Du bleibst hier, denn Sie müssen reden. Dieser Streit zwischen Körper und Kopf löst die bekannte Nervosität aus. Wer eine solche Situation harmlos findet, ist biologisch nicht ganz normal. Soviel fürs mentale Briefing. Gegen zu viel Lampenfieber hilft nur, sich immer wieder der Situation zu stellen, um die Erfahrung zu machen, es passiert nichts. Nach einigen dieser Erfahrungen erscheint uns die Konfrontation mit vielen nicht mehr lebensbedrohlich.

Was würden Sie sagen, wenn Ihre beste Freundin, Ihr bester Freund ankündigt, dass sie oder er Ihnen unbedingt das Herz ausschütten will. Dabei sehen Sie aber einen Menschen, der unentschlossen von einem Bein aufs andere wechselt und schließlich die Beine überschlägt. Sie wissen dann genau, dass er sich's anders überlegt hat. Denn wenn ich mich einer Person öffnen will, muss die eigene Standhaltung dieses Interesse auch unterstützen.

Aus diesem Repertoire der verschiedenen Stand- und Beinhaltungen ergeben sich wichtige Verhaltensmöglichkeiten für Rollstuhlfahrer. In unseren Schulungen beklagte eine querschnittsgelähmte Teilnehmerin die Unbeholfenheit der Besucher beim Betreten ihres Büros: Einige blieben wie angewurzelt an der Tür stehen, andere traten ungebeten sehr nahe, um „zu helfen". Wir empfahlen ihr, ähnlich wie bei Standhaltungen, die Position ihres Rollstuhls zu verändern: Frontale Ausrichtung auf den Besucher bedeutet die Einladung, Platz zu nehmen; leichtes Wegdrehen heißt: Komm mir nicht zu nahe! Die Teilnehmerin, aber auch wir waren verblüfft von der Steuerungswirkung dieses einfachen Tipps.

Im Sitzen gibt es die entsprechenden Parallelen. Wir dürfen aber nicht vergessen, dass die Ausdrucksvielfalt durch Konventionen und Mode beeinträchtigt wird. So lernen junge Frauen früh, dass sie nicht breitbeinig, wie viele Männer, ihrem Gesprächspartner gegenübersitzen sollen. Das wäre ein unanständiges Angebot. Dann sind da noch die Zwänge der Mode: Ein kurzer Rock zum Beispiel erlaubt nur eine „anständige“ und bequeme Sitzhaltung mit übergeschlagenen Beinen.

So können natürliche Ausdrucksformen verfälscht und „künstliche“ erzeugt werden.

In diesem Abschnitt sind bisher nur statische Positionen untersucht worden, solche, die lange beibehalten werden können. Wie aber schon bei der Standbein-Spielbein-Position zu erkennen war, kommt es auch auf die Bewegung an, auf den Übergang von einer in eine andere Position. Die Bedeutung der Dynamik ergibt sich aus den statischen Positionen, wenn man darauf achtet, was den vorhergehenden Ausdruck von dem neuen unterscheidet.

Wenn wir das meinen, was wir sagen, ist ja alles so einfach: Eine offene, zugewandte Haltung unterstützt ein ehrlich vorgebrachtes Anliegen. Erst, wenn wir uns verstellen müssen oder wollen, macht der Körper Probleme, indem er zeigt, was in uns vorgeht. Eine 50-jährige Prokuristin kam auf ihre Assistentin zu, das Gewicht nur auf dem hinteren Bein. Also auf dem Sprung, sich zurückzuziehen. Die Hände waren vorne verschränkt, der Kopf etwas schräg. Dann kam die Eröffnung: „Sie dürfen mich dieses Wochenende nicht im Stich lassen, ich brauche Sie.“ Mit dem Kleinkindercharme und der Hilflosigkeit – auch in der Aussage – versuchte sie, ihre Mitarbeiterin für die Wochenendarbeit zu gewinnen. Sie war sich offensichtlich nicht sicher, welche Reaktion das auslösen würde. Die Haltung erlaubte jederzeit einen

Rückzug. Die verschränkten Hände und der schief gelegte Kopf sagten noch: Bitte tu mir nichts. Als Chefin so viele Unsicherheiten zu senden, ist nicht günstig, denn die Gesprächspartnerin hat es intuitiv erkannt und selbst entschieden: Am Wochenende geht's nicht, aber während der Woche immer eine Stunde länger.

Beinhaltungen und Standpositionen zeigen, mit welcher Absicht wir uns auf ein Gespräch einlassen.

- **Die Offensive ist das zugewandte Becken.**
- **Die Defensive ist das Wegdrehen.**
- **Ausdruck unseres Standpunkts ist das Stehen auf beiden Beinen.**

Gestik: Gefuchtel oder Klartext?

Hände handeln!

Gestik ist die Aussagekraft von Händen und Armen. Wozu brauchen wir sie? Zum Zeigen, zum Unterstreichen und Betonen. Haben Sie schon mal mit einem eingegipsten Arm versucht, einen Verkehrsunfall zu schildern? Eben. Man fühlt sich richtig behindert – sogar als „ruhiger" Deutscher. Wie muss erst ein Sizilianer leiden!

Was ist das für eine Sprache, die die Hände so selbstverständlich beherrschen?

Auch wenn wir nicht mit Zeigen beschäftigt sind, bewegen sich die Hände ständig in sogenannten sprechbegleitenden Gesten. Es gibt keinen Menschen, der die Hände beim Sprechen nicht einsetzt. Nur die Intensität und die Größe der Gesten unterscheiden sich. Wie oben angedeutet, gibt es in Europa ein heftiges Nord-Süd-Gefälle: Am Mittelmeer sind die Menschen bewegungsfreudiger, während in Norwegen Gesten eher sparsam benutzt werden. Selbstverständlich hängt diese allgemeine Feststellung noch vom Temperament des Sprechenden ab.

In Seminaren gibt es immer wieder Teilnehmer oder Teilnehmerinnen, die davon überzeugt sind, keine Gestik einzusetzen. Und genau, wenn sie dies erklären, produzieren sie die schönsten Handbewegungen. Offenbar sind diese so selbstverständlich, dass wir es nicht mehr wahrnehmen. Aber in dem Augenblick, wenn wir vor anderen stehen und eine Präsentation halten sollen, ist die erste Frage: Wohin mit den Händen?

Wohin mit den Händen?

Das beschäftigt uns erst in dem Augenblick, wenn wir uns von vielen Augen beobachtet fühlen. Also wissen wir, dass die Hände ihr Eigenleben führen und – wie wir befürchten – etwas verraten können. Wir wollen nicht, dass die Zuhörer unsere Aufregung und Unsicherheit entdecken. Wir kennen im Unterbewusstsein die Regel: Körpersprachen lügen nicht.

Was verraten die Hände?

Das kommt zunächst ganz darauf an, ob sich die Hände am Körper, in Körpernähe bewegen oder auf Dinge „außer Reichweite" zeigen. Wir bewegen die Hände in drei verschiedenen Bereichen:

- der körpernahe Bereich, dicht am Körper,
- der Feinarbeitsbereich mit angewinkelten Armen,
- der körperferne Bereich, der mit ausgestreckten Armen auf Dinge außerhalb unserer Reichweite zeigt.

Im körpernahen Bereich, also wenn die Hände am eigenen Körper gestikulieren, vermitteln sie eine Ortszuweisung. Mit der Hand auf dem Herzen versichern wir, dass uns eine Sache „am Herzen liegt". Die vors Gesicht geschlagenen Hände drücken Verzweiflung aus, weil wir nicht mehr „nach vorne blicken" können. Die vor die Augen gehaltene Hand sagt, dass jemand das Elend der Welt nicht mehr sehen möchte. Und wenn einer sich den Bauch reibt, hat er entweder etwas Gutes gegessen oder er freut sich über etwas, das ihm gelungen ist und wie ein gutes Essen schmeckt. Wir verbinden also mit der Körperstelle, die wir berühren, den Inhalt unserer Aussage. Damit steht unsere Identität für den Wahrheitsgehalt des Gesprochenen.

Der Direktor einer Firma beschuldigt seine Mitarbeiter in einem Meeting, sie hätten nicht alles gegeben und sich Nachlässigkeiten erlaubt. Dazu deutet er mit dem Finger auf bestimmte Kollegen und artikuliert seinen Vorwurf in einem völlig normalen, „kollegialen" Tonfall, etwa wie: „Sie haben zu geringe Verkaufszahlen, Herr Hofer" oder: „Ihr Marketingkonzept ist nicht ausgereift, Kollege Schmidt ..." usw. Zuletzt zeigt er mit dem Zeigefinger auf sich selbst und sagt: „Auch ich habe Fehler gemacht. Ich habe die Marktlage falsch eingeschätzt. Ich habe die Forschung zu kurzgehalten. Daraus müssen wir lernen." Und nun geht sein Zeigefinger durch die Runde, verbunden mit individuellen Empfehlungen.

Der Chef war sehr enttäuscht, dass seine Mitarbeiter säuerlich und mit Zurückweisungen reagierten, offensichtlich sein Schuldbekenntnis nicht annahmen. Warum nicht?

Er hatte mit dem Zeigefinger auf sich gedeutet, also in einer gewissen Entfernung auf seinen Präsenzpunkt gezeigt. Im körperfernen Bereich reduzieren sich Finger und Hände zu „Zeigeinstrumenten“. Richte ich nun den Zeigefinger gegen mich, dann deute ich mich heraus. Ich und der, auf den ich zeige, sind gedanklich nicht identisch. Zu dieser Geste passt zum Beispiel die Situation, dass ich einen Anspruch erhebe, beispielsweise: „Ich war es, der die Mittel gesperrt hat. Und wer etwas dagegen hat, soll zu mir kommen!“ Nun deute ich mich heraus, aber im Sinne einer Herausforderung und nicht als Gleicher unter Gleichen.

Bild 8: (Schuldbekenntnis) stehend, flache Hand auf Brustbein

Bild 9: (Herausdeuten) Zeigefinger auf Brustbein

Sein Unterbewusstsein hat dem Chef einen Streich gespielt: Er wollte zwar einen Fehler eingestehen, aber nicht als fehlbar gelten. Hätte er innerlich wirklich ein Schuldbekenntnis als Gleicher unter Gleichen ablegen wollen, dann hätte die flache Hand den Präsenzpunkt bedeckt. So aber verlief das Gespräch korrekt im Sinn des Unterbewusstseins: Der Chef wollte einen Anschein wecken, der prompt auch nur als Schein angekommen ist. Die Betroffenen haben aber nicht auf den gewollten Anschein, sondern auf den entlarvenden Körperausdruck reagiert.

Körpersprache überzeugt sofort, erst danach hören wir die Worte.

Dieses Beispiel zeigt, wie sensibel wir auf alle Feinheiten der Körpersprachen reagieren und wie eng der Körperausdruck mit Unterbewusstsein und Motivation verbunden ist.

Schauen wir uns jetzt den **Feinarbeitsbereich**, die **Gesten mit angewinkelten Armen** an: Hier gestikulieren wir am meisten. Auf Armlänge vor unserem Körper beschreiben, zeigen und betonen wir das Wichtigste. Ein Werklehrer hatte versucht, seiner Klasse den Bau eines Vogelhäuschens zu beschreiben. Dabei ließ er – nach Auskunft der Schüler – eine Hand in der Tasche, die andere hielt ein Buch. Obwohl die Schüler eine Zeichnung des Häuschens hatten, konnte keiner das Dach auf dem Basiskasten befestigen. Erst nachdem der Lehrer beide Hände zu Hilfe nahm, konnte er zeigen, dass an allen vier Enden der Plattform kleine Vierkanthölzer befestigt werden müssen und darauf dann das Dach kommt. Gesagt hatte er das vorher auch schon, aber keiner der 23 Schüler hatte es überhaupt gehört. Gezeigte Botschaften kommen intensiver und genauer an als jede Beschreibung mit Worten.

Der Feinarbeitsbereich ist noch relativ nahe am Körper, aber ohne Berührung. Hier werden feinere Arbeiten erledigt, bei denen das Auge noch alles gut sieht und die Hände als Werkzeuge optimal funktionieren. Das nennen wir Hand- oder Kunstfertigkeit. Folglich hat die Gestik in diesem Bereich auch die präziseste Aussagekraft: Wir können Größe, Beschaffenheit, Form, Bewegung, Gewicht, Tätigkeiten in nahezu identischer Form wiedergeben. Unser Betrachter „sieht" förmlich die Gegenstände, die wir ihm gestisch beschreiben. Eine Geste sagt mehr als tausend Worte. Die Pantomime entwickelt diese Fähigkeit zur Perfektion. Kein Wunder, dass neben der Verhaltensforschung die genauesten Körperspracheerklärungen von einem Pantomimen, Samy Molcho, kommen.

Testen Sie die Präzision von Gesten, indem Sie eine Person mitten in den Raum stellen und diese bitten, die Augen zu schließen. Dann soll sie sich vorstellen, dass sie in ein dunkles, fremdes Hotelzimmer kommt und dort nach dem Lichtschalter tastet. Halten Sie die Hand der Versuchsperson fest und führen Sie diese an den nächstgelegenen Lichtschalter. Die Berührungsgeste liegt genau in Höhe des Lichtschalters! Achtung, Menschen, die in einem Altbau leben oder arbeiten, haben die alte, höhere Position von Lichtschaltern im Körpergedächtnis.

Im Feinarbeitsbereich vermitteln wir also präzise Erfahrungen unseres Be-Greifens mit den Händen. Sie zeigen das, was in unserer Vorstellung als Bild vorhanden ist, und was wir *persönlich* für objektiv halten. Wenn Sie also dahinterkommen wollen, ob Ihr Kollege ein Angeber ist oder tatsächlich sein Motorrad selbst getunt hat, dann lassen Sie sich doch die Arbeitsschritte erklären. Sie sehen es sofort an der Gestik, ob er überhaupt schon einmal einen Schraubenschlüssel in der Hand gehabt hat.

Und jetzt noch der **gestische Bereich außerhalb unserer Reichweite**. Hier werden Arme und Hände zu Zeigeinstrumenten; sie deuten und rudern, je weiter entfernt, umso höher über dem Kopf. Übrigens, auf kleine Gegenstände deuten wir mit ausgestrecktem Arm und dem Finger, auf große mit gestrecktem Arm und der ganzen Hand. Deshalb sollten Sie nicht mit dem Finger auf eine Kollegin zeigen, sonst schrumpft sie zu einem Punkt. Mit „nacktem Finger“ und „angezogenen Leuten“ hat das nichts zu tun, sondern mit Groß und Klein. Versuchen Sie mal auf eine Fliege an der Wand zu zeigen und auf einen Elefanten im Zoo. Für die Fliege werden Sie immer den ausgestreckten Finger nehmen, aber für den Elefanten nehmen Sie die ausgestreckte Hand.

In diesem Bereich geht die Präzision des Ausdrucks verloren, nicht aber die Eindeutigkeit der Aussage. Große Formen, z. B. eine Turmuhr, ein gotisches Fenster, vermitteln wir durch Nachfahren der Umrisse. Auch hier gilt: Je größer der Gegenstand, umso höher agiert die Geste über dem Kopf. Damit sagt eine Geste wieder mehr als tausend Worte. Wenn Sie versuchen, eine Wegbeschreibung ohne Hände durchzuführen, müssen Sie viel mehr reden – und Ihr Zuhörer hat viel weniger verstanden, außerdem kann er sich nichts merken. Oder folgende Aussage: An der Autobahnabfahrt musste ich heftig abbremsen, denn dort lag ein ca. 2,50 m langer Ast, doppelt s-förmig gekrümmt, an einem Ende mit einem Durchmesser von etwa 40 cm, am anderen von 20 cm. Alles klar? Dazu brauchen wir die Hände, um ganz schnell die Sprache mit Bildern zu ergänzen und den Wortaufwand zu verringern.

Für Eindeutigkeit sorgen

Zuerst geht es mit Händen und Armen darum, die wesentlichen Wörter zu unterstreichen. Das sind die sogenannten sprechbegleitenden Gesten. Unser Zuhörer, der auch Zuschauer ist, hat damit schon viel mehr verstanden, wenn er weiß, was wichtig ist. Ohne Gestik wirken alle Aussagen gleich unwichtig, und deshalb kann der Zuschauer nach Belieben seine Interpretation einbringen. Wenn ein Unternehmer sagt, dass ‚im kommenden Quartal die Umsätze steigen werden bei etwas gesteigerten Gewinnen', dann kann der Zuschauer überlegen, ob er die Betonung auf ‚Umsätze' legt oder auf ‚etwas' oder auf ‚gesteigerte Gewinne'. Wenn der Sprecher aber gestikuliert, sehen wir sofort, worauf es ihm ankommt. Die Hände ergänzen das gesprochene Wort sehr sinnvoll, sie schaffen Eindeutigkeit.

Hinzu kommt, dass jede Geste auch eine bestimmte Betonung hervorruft. Unsere Stimme reagiert sofort auf jede Bewegung, genau wie beim Aufrichten des Oberkörpers. Wenn Sie alle Betonungen eines Satzes mit einer Bewegung der flachen Hand nach unten betonen, klingt das ganz anders, als wenn Sie beispielsweise bei jeder Betonung mit dem Finger in die Luft stechen. Selbstverständlich macht das kein vernünftiger Mensch so, aber man kann hören, wie jede Art von Bewegung in der Stimme anders abgebildet wird. Unser Repertoire an Gesten ist so fein, dass wir hunderte von Möglichkeiten haben. So gesehen ist die Gestik auch ein Indikator für Souveränität.

Regel: Gestik nie behindern, immer zulassen!

Im Kopf des Zuschauers

Mit den Händen können wir nicht nur das Gesagte betonen, sondern auch viele Inhalte mit einer zusätzlichen Bedeutung versehen. Zum Beispiel werden Relationen abgebildet: Wir reden über die Mitbewerber und zeigen mit einer Hand und einer kleinen Geste, wie innovativ deren Produkte sind. Will heißen: Wir halten nicht viel davon. Danach halten wir beide Hände, um u n s e r e neue Produktpalette regelrecht darauf zu präsentieren. Das klappt alles nur, wenn wir von unserer Leistung überzeugt sind. Sobald Sie die Mitbewerber bewundern oder beneiden, bekommen diese in der Gestik die ganze Wertschätzung – genau das sieht man! Der Fischer mit dem „sooooo“ langen Hecht muss vorher genau abschätzen, wie stark er mit den Händen übertreiben muss.

Auf diese Weise schaffen wir mit unseren Gesten Größenverhältnisse. Wir offenbaren damit noch mehr. Wir zeigen etwa unbewusst nach links, wenn wir von der Kaffeepause reden, weil dort beispielsweise bei uns der Automat steht. Oder wir schauen nach oben, wenn von einem bestimmten Kollegen die Rede ist, weil er dort sein Büro hat. Wir heben eine Sache an, wir werfen eine andere weg und schieben ein Problem mit beiden Händen von uns. Dies alles sind natürliche Gesten, die jeder beherrscht und versteht.

Wie eingangs erwähnt, verhält es sich mit verabredeten, sogenannten konventionellen Gesten anders, die an dieser Stelle keine Rolle spielen. Denn sie werden nach Regeln gelernt und verraten nur die „gute Erziehung" z. B. beim Begrüßen.

Nur aus dem Impuls heraus entstehen natürliche Gesten.

Ein aufmerksamer Zuhörer ist, wie schon gesagt, auch zugleich Zuschauer. Er kann aus der Sprache der Hände konkrete Vorstellungen vom Gesagten gewinnen, die sich in seinem Kopf zu ganzen Bildern zusammenfügen. Hier sind wir am wesentlichen Punkt: Bilder bleiben im Gedächtnis hängen, sie sorgen für Nachhaltigkeit. Alles, was wir zeigen, wird vom Zuhörer sehr leicht aufgenommen und verstanden. Deshalb bleibt es auch in der Erinnerung. Dieser Effekt reicht so weit, dass der Besucher einer Hauptversammlung, wenn er über die Kernbotschaften berichtet, mit derselben Hand gestikuliert, wie dies der Redner vom Pult aus gemacht hat. Er imitiert dabei sogar exakt die Zeigegesten, obwohl er den Vortragenden spiegelverkehrt wahrgenommen hat. Warum dies so ist, hat die Verhaltensforschung bis heute nicht eindeutig geklärt. Was wir hingegen wissen, ist, dass die gezeigte Botschaft ankommt und im Gedächtnis bleibt.

Das nehm ich Ihnen ab

Worte sind nicht immer wahr – diese Erkenntnis gewinnen wir bereits in der Kindheit. Mit Worten lässt sich vieles klar ausdrücken, aber auch vieles verschleiern. Aus diesem

Grund sind wir immer misstrauisch, wenn wir einen Text lesen. Wie ist das gemeint? Wenn wir den Autor als Gesprächspartner vor uns haben, klärt sich das sofort: Wir sehen auch, was die Worte nicht sagen. Je nachdem, ob der gesprochene Inhalt mit den nonverbalen Signalen übereinstimmt, glauben wir der Botschaft oder nicht.

Für die Ausdruckskraft der Hände muss man **konkrete und inkonkrete Gesten** unterscheiden: Konkrete Gesten sind gezielte, deutlich beschreibende und exakte Bewegungen. Inkonkrete Gesten sind Wisch-, Schleuder-, Wedel-, angedeutete Bewegungen, die mit dem Inhalt nichts zu tun haben. Wurfgesten, Schiebe- und Räumgesten, Daumendrehen, Wickelbewegungen, gefaltete Hände öffnen und wieder schließen, das sind einige Beispiele inkonkreter Gesten. Wenn wir keine genauen Vorstellungen haben, entstehen diese diffusen Gesten. Wir wissen bereits, dass sie etwas verraten: Der Sprechende hat keine konkreten gedanklichen Vorstellungen zu dem formulierten Inhalt. Deshalb tritt diese Art von Gesten in der Regel bei Menschen auf, die erfinden, planen, fantasieren. Auch wenn unsichere Sprecher versuchen, die Hände nicht zu bewegen, entstehen unbewusst kleine inkonkrete Gesten.

Das Verblüffende an den **konkreten Gesten** ist ihre Synchronität mit dem Denken. Wenn Sie also davon erzählen, dass Sie ein Picknick am Baggersee gemacht haben, kommt eine Zeigegeste bei der Aussage: „Wir sind nach X. gefahren.“ Beim Satz: „Dort am Baggersee haben wir uns einen Platz fürs Picknick ausgesucht.“ Geste:

Abstellen des Korbes. Die Gesten kommen also gleichzeitig mit dem ausgesprochenen Gedanken und genau auf das betonte Wort.

Es gibt allerdings auch den Fall, dass jemand sehr engagiert und schnell erzählt und mit dem Formulieren „nicht mehr nachkommt“. In Videoaufnahmen stellen wir dann fest, dass die ausdrucksstarken Gesten kurz irritieren, weil sie noch nicht zuzuordnen sind. Wir können auch den Ton abstellen, dann sehen wir wieder die ganze Geschichte mit konkreten Gesten. Der Sprecher war gedanklich dem gesprochenen Wort voraus – die Gestik reagiert auf den Gedanken, nicht auf das gesprochene Wort! Bei Schnellrednern kann es also schon mal vorkommen, dass die Geste die Sprache nicht mehr unterstützen kann. Noch sind wir aber nicht beim „Fuchteln“, das ganz unpassende Gesten zum Gesagten zeigt.

Die konkrete Geste legt das gesprochene Wort fest, sie präzisiert optisch den artikulierten Gedanken. Sie sorgt für Unmissverständlichkeit und häufig ersetzen wir einen unzureichenden Begriff durch eine präzise gestische Beschreibung und sagen einfach dann „das Dingsbums“ oder „irgendwie“, „du weißt schon“ usw. Dabei halten wir vielleicht etwas Schweres in der Hand, zeigen mit beiden Händen einen Abstand oder deuten rückwärts. Aus dem Zusammenhang holt sich der Zuhörer den Rest herbei.

In einer Lehrlingswerkstatt wollte der Meister die Werkbänke anders anordnen. Er stellte Vierergruppen von Lehrlingen zusammen, um die schweren Stücke an den neuen Platz zu transportieren. Jeweils eine Gruppe musste eine Werkbank anheben und tragen. Es wurde viel diskutiert, wie die Bank am besten anzupacken sei. In einer Gruppe waren drei Ausländer mit verschiedenen Muttersprachen und geringen Deutschkenntnissen, außerdem ein Deutscher. Sie konnten sich also nicht wirklich verständigen. Aber durch Zeigen und Vormachen hatten zwei Lehrlinge sofort Klartext „geredet". Diese Werkbank stand zuerst am neuen Stellplatz! Später sagte der Meister in einem Seminar: „Wer zupacken kann, spart Zeit. Das führen wir jetzt in der Politik ein."

Gesten sind schneller und genauer als Worte.

Durch Gesten handeln wir und erzeugen räumlich Bilder in der Vorstellung unserer Zuhörer. Deshalb ist Gestik eine entscheidende Voraussetzung für die Motivation von Menschen. Wenn Sie sich unter dem Gesagten nichts vorstellen können, fehlen die Bilder und die Botschaft verpufft. Bilder lernt der Mensch in Sekundenbruchteilen und behält sie über einen langen Zeitraum. Vor diesem Hintergrund erfolgt unser handwerkliches Lernen. Autofahren, Schreiben, Kochen lernen wir nicht aus der schriftlichen oder mündlichen Mitteilung, sondern aus dem Zuschauen und dem anschließenden Imitieren. Machen Sie den Versuch, ganz kurz in einen Meetingraum zu schauen – oft passiert das ja, wenn Sie nicht wissen, ob er besetzt ist. Dann haben Sie in einer Sekunde festgestellt, wie viele Personen im Meeting sind, wie die Sitzordnung ist und wer gerade mit wem spricht. Dieses Bild haben

Sie sofort aufgenommen, so auch Bilder, die wir gestisch erzeugen.

Gesten zeigen Bilder.

Die Gestik ist wie jede Ausdrucksform des Körpers die direkte Sprache, eine Analoganzeige. Wir sehen, was unser Gesprächspartner tatsächlich in seinem Kopf bewegt. Die oben besprochenen Bilder, die er zeigt, müssen zu dem Gesagten passen, sonst glauben wir primär der Körpersprache, nicht den Worten. Mit Worten verwandeln wir Gedanken in eine sprachliche Form, wir „codieren“ sozusagen unseren Inhalt. Alle nonverbalen Äußerungen dagegen, von der Haltung über die Mimik, den Ton oder die Atmung, sind Direktanzeigen und damit wichtige Indikatoren für die Glaubwürdigkeit eines Redners. Wenn Sie am Telefon nicht genau wissen, ob Sie einer Nachricht glauben sollen, dann liegt das auch daran, dass Ihnen entscheidende Sendekanäle der Körpersprache fehlen, denn Sie sehen ja diese Person nicht. Sie hören zwar den Ton, aber Sie würden auch gern das Gesicht des Sprechenden, seine Haltung und Gestik, die er gerade zeigt, sehen. Per Skype ist das einfacher. Deshalb finden die ganz wichtigen Verhandlungen als Videokonferenzen statt, und Milliardenabschlüsse werden nur Auge in Auge und vor Ort getätigt.

Die Zuschauer, die eine Wirtschaftssendung verfolgen, wissen nach den ersten fünf Minuten eines Interviews, ob der Gast hinter seinen Worten steht oder nur das absondert, was von ihm erwartet wird. Hier liegt einer der Hauptgründe für unsere Politikverdrossenheit. Die Inhalte können wir nicht so schnell analysieren, aber wir merken genau, wenn uns jemand etwas vormachen will. Also Achtung beim Flunkern, denn die Hände zeigen die Wahrheit. Und die Zuschauer glauben eher Ihrer Körpersprache als Ihren Worten. Eine ‚große Rendite', die ein Vorstand den Anteilseignern verspricht, kann nicht groß sein, wenn er dabei eine kleine Geste macht, zum Beispiel beide Hände im Abstand von 20 cm hält.

Sie können sogar Menschen, die Ihnen gerade etwas vorlügen, entlarven, wenn diese das Gesagte eben erfinden. Dann stimmen nämlich die Bilder im Kopf nicht. Geübte Lügner wissen, dass wir beim Erfinden zunächst keine Gestik haben, also werden sie sich bemühen, diese doch zu liefern. Und jetzt ist es nur noch eine Frage des Typs, ob der Lügner die Bilder zu seiner Geschichte n a c h den Worten zeigt oder vorher. Jedenfalls kann der Zuhörer sehen, dass die Gesten zu spät oder zu früh kommen, aber nie synchron. Hat aber ein Mensch Zeit, sich eine Geschichte auszudenken, dann erfindet er auch die Bilder dazu. Dieser Detektor funktioniert deshalb leider nur beim spontanen Lügen.

Gesten entlarven Spontan-Lügner.

Gesten bewerten

Jetzt haben wir schon einige Bedeutungsebenen der Gestik kennengelernt. Mit kleinen Bewegungen schaffen wir Betonungen, mit Zeigegesten entstehen Bilder und mit konkreten Gesten können wir den Wahrheitsgehalt darstellen. Wenn Sie wirklich wissen wollen, was Ihre Mitmenschen von einer Person oder Sache halten, müssen Sie noch eine Regel der gestischen Sprache kennen. Damit finden Sie ganz schnell heraus, ob jemand hinter seinen Worten steht oder seine Botschaft wichtig findet. Vielleicht tut er nur so, weil er es als Chef muss. Sie erfahren auch ganz schnell, was jemand wirklich von Ihnen hält, ob Sie wirklich „die geschätzte Kollegin" sind. Gesten zeigen auch die Wertschätzung an, die der Sprechende unbewusst empfindet. Wie wichtig oder wertvoll ist mir ein Inhalt oder eine Person?

Dahinter steckt ein einfaches physikalisches Prinzip: Sobald wir gestikulieren, bringen wir Energie auf und sie ist je nach Wertigkeit des Inhalts mal mehr, mal weniger. Ausgebreitete Arme sind schwer. Wenn Sie versuchen, zwei Minuten so zu stehen, merken Sie die Hebelwirkung. Zwei Minuten sind zwar keine lange Zeit, aber man merkt schon nach wenigen Sekunden Belastungsspannungen in der Arm-, später in der Rücken- und nach etwa einer Minute in der Gesäßmuskulatur. Die Entspannung nach Ablauf der Zeit – eine fallende Geste! – wird als große Erleichterung empfunden.

Dieser Kraftaufwand macht eine solche Geste zu etwas Besonderem, also werden wir sie nur ganz gezielt einsetzen.

Wen empfangen Sie mit ausgebreiteten Armen? Natürlich nur Freunde – Menschen, die uns diesen Aufwand wert sind. Aber auch in bescheidenerem Umfang geben wir mit Gesten Energie weiter. Liegt uns ein Thema am Herzen, ist die Gestik heftiger und aufwendiger. Hat aber jemand resigniert und sieht in einem Projekt keinen Sinn mehr, dann fehlen auch die Gesten, denn das Ganze ist diesen Aufwand nicht mehr wert. Dies geschieht automatisch, ohne dass wir ein inneres Ranking vornehmen: Was lohnt eine Geste, was nicht? Begeisterung bewegt immer – auch die Arme und Hände. Wenn alle im Fußballstadion stehen, hat es sie richtig vom Sitz gerissen und die Arme sind ganz oben, weil das entscheidende Tor fällt. Auch Gedanken, die uns begeistern, die wir engagiert vertreten, tragen wir lieber im Stehen vor und die ganze Körpersprache ist dabei.

Kommen wir noch einmal auf das Thema ‚Begrüßungsgesten' zurück. Wir drücken mit der Höhe der Arme eine Skala von unterschiedlichen Wertschätzungen aus. Nehmen wir an, Sie haben zu einer Party eingeladen. Wenn die Freunde kommen, sind die Arme ausgebreitet, denn wir wollen sie gleich umarmen. Sind noch einige Bekannte dabei, die wir herzlich, aber distanzierter begrüßen, sind die Arme in Taillenhöhe angewinkelt und gehen so auseinander. Später kommt noch der Versicherungsvertreter, den Sie ganz vergessen haben. Ihn begrüßen Sie mit hängenden Armen, nur die Handflächen werden nach außen gedreht. Wenn dann noch der immer nörgelnde Nachbar klingelt, werden Sie nur mit einer Hand eine abwertende, das heißt fallende Geste machen, die heißt „vergiss es!".

Wir unterscheiden zwischen **gehaltenen** und **fallenden Gesten**. Die Ursache liegt in der Anspannung des Rückens. Wenn er wenig Spannung hat, empfinden wir das als locker. Aber der Nachteil ist, dass uns eine solche Stand- oder Sitzhaltung nicht im Gleichgewicht halten kann; schon kleinste Bewegungen bringen uns aus der Balance. Ein ausgestreckter Arm reicht, dass wir schwanken, also lassen wir die Geste rasch wieder in die Ruhelage zurückkehren, das sind die fallenden Gesten.

Eine lockere Haltung erzeugt also zwangsläufig fallende Gesten. Sie treten spontan in Fällen von Erschöpfung, Trauer, Missmut etc. auf. Typisch dafür sind z. B. Hilflosigkeitsbewegungen, resignative Ausdrücke, Teilnahmslosigkeit. In ihren Aussagen sind fallende Gesten fast ausnahmslos inkonkrete Ausdrücke; sie vermitteln Befindlichkeiten, aber keine gedanklichen Vorstellungen.

In einer aufrecht gestreckten – aber entspannten – Haltung hat der Körper ein stabiles Gleichgewicht, nahezu unabhängig von den Bewegungen der Extremitäten. Jetzt können Arme, Hände, Rumpf abweichend von der Ruhelage gehalten werden, ohne dass wir dabei das Gleichgewicht verlieren.

Eine aufgerichtete Haltung erzeugt eine gehaltene, geführte Gestik. Sie vermittelt Engagement und konkrete Gesten mit allen bisher beschriebenen Aspekten. Im natürlichen Verhalten sind sie spontane Ausdrucksmittel für wache, präsente Sprecher mit Ansprüchen an ihre Zuhörer,

Menschen, die etwas wollen. Mehr noch: Geführte Gesten vermitteln Werte!

Wenn man sich vor ein Kleinkind hockt, das gerade laufen lernt, kann man eine interessante Erfahrung machen. Breitet man die Arme aus, beginnt das Kind zu rennen, schließt man dagegen die Arme wieder, wird es langsamer! Dieser Mechanismus setzt sich bei Erwachsenen fort. Wird man mit ausgebreiteten Armen empfangen, beschleunigt man den Gang – nachzuvollziehen an jedem Bahnhof oder Flughafen. Wertvolle Dinge (Schmuck, Wertgegenstände, Lieblingsobjekte) präsentiert der Mensch mit gehaltenen Gesten, das sind Zeige-Gesten oder ein zum Anschauen Hin-Halten. „Schau mal, den Brilli hab ich zum Geburtstag bekommen", sagt eine Freundin zur anderen. Dabei zeigt sie die Hand mit dem Ring und präsentiert so den wertvollen Gegenstand in einer gehaltenen Geste.

Physikalisch ist hier Energie aufgebracht worden. Wie bereits gesagt, stellen wir im Alltag diese Energie aber nicht für jeden Menschen bereit, sondern nur für solche, die uns besonders „wertvoll" sind, z. B. Angehörige und Freunde. Auch das Kleinkind erlebt in seiner kleinen Welt, dass geführte Bewegungen Kraft kosten. Folglich erfährt es schon sehr früh die Ermüdung, die dieser Kraftaufwand erfordert. Da wir keine bewusste Handlung voraussetzen können, ist es möglicherweise diese Erfahrung, die seinen Gang beschleunigt, wenn wir mit ausgebreiteten Armen vor ihm in die Hocke gegangen sind. In jedem Fall aber zeigt das Experiment an Erwachsenen, dass die ausgebreiteten

Arme rasch zusammensinken, wenn sich die empfangene Person Zeit lässt. Wenn wir das im Voraus abschätzen können, z. B. bei bewegungsbehinderten Menschen, breiten wir entsprechend später die Arme aus.

In diesem Zusammenhang lassen sich auch fallende Gesten in eine weitere Bedeutungsklasse einordnen: Sie vermitteln Wertlosigkeit. Dinge, die wir loswerden wollen, schleudern oder werfen wir weg, wir lassen sie fallen.

Sicher haben Sie schon gehört, dass die Gestik vor der Körpermitte stattfinden soll, denn „das ist der aktive Bereich". So weit, so gut. Wenn ein Ressortleiter im Meeting die Truppe motivieren will, wird er häufig die Hände oberhalb der Gürtellinie bewegen. Und jetzt kommt der fatale Umkehrschluss: Wer seine Hände unter die Gürtellinie fallen lässt, sei nicht interessiert an seinen Inhalten. Also verschränken wir die Hände vor der Körpermitte. Wann bitte macht man diese Geste im richtigen Leben? Höchstens in der Kirche oder am Grabesrand. Gehen Sie mit vor dem Körper gefassten oder gefalteten Händen am Wochenende auf Ihre Freunde zu und sagen: „Wir könnten mal wieder gemeinsam was unternehmen"? Mit Sicherheit nicht. Bei der Frage hängen die Arme ganz normal (!) nach unten und bei der ersten Betonung, die Sie setzen, bewegt sich eine Hand mit, der Arm geht von alleine nach oben. Also, die Beobachtung stimmt, der engagierte Bereich der Gestik liegt über der Gürtellinie, aber daraus eine Regel zu machen, immer die Hände oben zu halten, wirkt künstlich, ängstlich, nicht souverän. Festgehaltene Arme im „aktiven

Bereich“ sind nicht mehr aktiv. Sobald mir meine Botschaft am Herzen liegt, kommen die Arme automatisch dazu, entspannen sich aber auch wieder.

Wir hatten festgestellt, dass der Energieaufwand in der Gestik dem Zuschauer und Zuhörer die Bedeutung einer Sache näherbringt. Dazu gehört auch, dass wir beim engagierten Reden die eine oder andere Geste länger „halten“. So passiert es, dass ein Experte im Fernsehen über die innovativen Produkte seines Unternehmens in der folgenden Art mit zwei Sprachen „spricht“: „Diese Entwicklung (eine Hand geht nach oben und nach vorn) ist allen bisherigen Produkten auf dem Markt (Hand und Arm fallen nach unten) weit voraus.“ Gestisch hingegen sagt er genau das Gegenteil: „Vergiss es, ist nicht so spektakulär“. „Fallende“ Gesten sind deshalb sogar schlimmer als gar keine Gesten, denn sie entwerten die Botschaft.

Wenn jemand beispielsweise über seine „Diamanten“ spricht, also über die Kernbotschaften, würde er diese mit einer gehaltenen Geste präsentieren, denn in der Realität lässt niemand Wertvolles einfach fallen. Im Alltag beherrschen wir diese Form der Präsentation.

Sollten Sie mit mehreren Personen auftreten – im TV oder vor Publikum, achten Sie immer darauf, dass die auf den Kollegen oder den Gast hinweisende Geste gehalten werden muss. Ansonsten wäre es eine „Wegwerf“-Geste, die besagt: „Den kannst du vergessen“. Körpersprache ist im Prinzip relativ simpel: Je mehr Respekt ich jemandem entgegenbringe, desto mehr ist er mir wert. In diesem Fall werde ich die Geste halten, bis der Satz zu Ende gesprochen ist.

Regel: Gehaltene Gesten betonen den Wert, fallende Gesten werten ab.

Hände handeln

Das können sie aber nur, wenn sie nicht daran gehindert werden. Der Sportkollege im Vereinshaus, der Ihnen sagt: „Wir müssen jetzt noch die Geräte beiseitestellen und die Matten aufräumen“, hat die Hände verschränkt. Wer ist „wir“? Alle räumen auf, aber nicht er! Verschränkte Hände oder Arme drücken keine Handlungsbereitschaft aus. In dieser Haltung halten wir uns zurück.

Dass verschränkte Arme aber Ablehnung, Verschlossenheit bedeuten, ist der verbreitetste Irrtum über Körpersprache. Sehen Sie genau hin: Wenn die Mimik Interesse zeigt und wach ist, kann das eine sehr bequeme, konzentrierte Haltung zum Zuhören sein. Wir hatten oben schon gesagt, dass die Summe der Körpersprachen über die Bedeutung entscheidet.

Wenn wir auf Anhieb verstehen wollen, was uns die Körpersprache sagt, dann müssen wir uns noch mit den verschiedenen Möglichkeiten der Hand- und Armverschränkungen befassen.

Sie sind inzwischen ja schon geübt, Körpersprache zu entschlüsseln. Gehen wir doch mal in eine Sitzung bei einem Chemiekonzern. Ein Vorstand spricht vor Kolleginnen und Kollegen der ersten Führungsebene über Entwicklungsmöglichkeiten einer Niederlassung in China. Seine Körperhaltung ist aufrecht und präsent. Die PowerPoint-Charts sind klar und verständlich, auch nimmt er immer wieder darauf Bezug und zeigt mit dem Pointer, worum es gerade geht. Sonst bleiben die Hände unbewegt und sind in Taillenhöhe zusammengelegt. Als er von der Region berichtet, in der diese Niederlassung liegt, verschränkt er die Arme vor dem Körper. Dann geht er ins Detail und schildert die Infrastruktur, die „durchaus eine Expansion erlaube“. Genau in diesem Augenblick verschränkt er die Hände hinter dem Rücken.

Und jetzt sind Sie mit dem Entschlüsseln dran. Wir wissen schon, dass Hände handeln. Ein Vorstand mit verschränkten Händen wird also nicht „tatkräftig“ diese Pläne fördern. Richtig, denn verschränkte Hände zeigen, dass diese Person jetzt nicht handeln wird.

Je höher der Verschluss der Arme am Körper liegt, desto mehr wird der Präsenzbereich verdeckt. Verschränkte Hände lassen diesen Ich-Punkt noch ganz offen, gefasste Hände vor der Körpermitte schützen einen Teil der verletzlichen Körperfront und die verschränkten Arme schützen „das Ich“. In dieser Haltung wird der Rücken rund und der Präsenzpunkt geht zurück; wenn wir die Oberarme oder Schultern anfassen, dann ist er zugedeckt. Noch einmal kurz zu den immer wieder empfohlenen angewinkelten Armen beim Vortrag: Es ist eine Schutzhaltung und verrät, wie unbehaglich Sie sich fühlen. Charismatische Menschen brauchen das nicht, sie treten mit geöffneten Armen auf.

Generell gilt: Je stärker der Präsenzbereich verdeckt wird, umso mehr wächst der Ausdruck von Ängstlichkeit, Betroffenheit, Rückzug, Schutzbedürftigkeit, defensiver Abwehr.

Während mit den wachsenden *frontalen* Verschlüssen der Präsenzbereich verschwindet, tritt er bei Verschlüssen *hinter* dem Rumpf umso deutlicher hervor. Kennen Sie noch die Schulsituation? Ein Lehrer geht mit auf dem Rücken verschränkten Händen durch die Reihen. Er steht hinter dem Schüler und plötzlich saust eine Hand an dessen Kopf vorbei aufs Blatt und zeigt etwas. Das ist so ziemlich das Ungeschickteste, was ein Pädagoge machen kann! Die Annäherung von hinten deutet auf heimtückisches Verhalten, keine Offenheit hin, dann die auf dem Rücken verschränkten Hände sagen, dass er etwas zurückhält. Das erzeugt Misstrauen.

Für den Lehrer mag das eine bequeme Haltung sein, denn der Rücken wird aufgerichtet. Damit wird der Präsenzpunkt nach vorne gedrückt. Anscheinend eine aktive Haltung. Der Körper wird aber in eine künstliche Spannung versetzt, das wirkt herausfordernd und provokant.

Regel: Hände handlungsbereit lassen.

Gestik zeigt dem Zuhörer viel mehr, als wir in der Regel wollen. Deshalb sind wir auch bei Auftritten vor Publikum immer bemüht, diese unbewusste Sprache zu unterdrücken. Genau das wirkt unsouverän und nicht glaubwürdig.

Hier sehen Sie eine Zusammenstellung der wichtigsten Unterscheidungsmerkmale bei der Beobachtung von Gestik:

	konkret	inkonkret	
geführt	geführte Geste **WERTE**	Konzentration **MOTIVATION**	Engagement
fallend	Wurfgesten **UNWERTE**	Hilflosigkeit **RESIGNATION**	Lustlosigkeit
	klare Vorstellung	keine klare Vorstellung	

Im spontanen Verhalten wird Gestik von den Agierenden meist gar nicht wahrgenommen. Erst in Stresssituationen wird sie uns bewusst, dann aber meist als ein Faktor, der verunsichert. Denn uns wird dann klar, dass die Gesten die mentale Befindlichkeit vermitteln können, wie Lampenfieber, mangelnde Vorbereitung etc. Die Analyse des Spontanverhaltens zeigt, dass wir Gestik bewusst einsetzen, wenn wir Verständigungsschwierigkeiten haben – dies betrifft die Situation – oder wenn wir etwas besonders sorgfältig vermitteln wollen, was den Inhalt unterstützt. Hinzu kommt das Temperament der Person. Somit wird Gestik ausgelöst durch die drei Parameter: Persönlichkeit, Inhalt und Situation.

Grundsätzlich lässt sich sagen, dass es im Einsatz der Gestik zwei Grenzbereiche gibt:

- Die Gestik unterbleibt völlig (Selbstbeschränkung, Festhalten).
- Der Agierende gestikuliert mehr als im Normalfall (Kaspern, Zappeln).

Zwischen diesen beiden Grenzen liegt der natürliche Ausdrucksbereich einer Person. Werden diese Ausdrucksbereiche überschritten, entwickeln Zuhörer ein eigenes Wahrnehmungsziel: Sie wollen wissen, warum der Sprecher so ist, wie sie ihn wahrnehmen! Damit tritt der Inhalt völlig in den Hintergrund, der Zuhörer ist abgelenkt.

Im Kapitel Gestik wird klar, dass die Hände sehr viel von dem verraten, was wir wirklich denken, was wir tatsächlich erlebt haben und wie wir eine Situation oder Person einschätzen. ***Sie sind Anzeiger der Wahrheit****.*

Deshalb können Sie mit genauem Beobachten Ihre Mitmenschen besser durchschauen. Beachten Sie auch die kleinen Andeutungen, die Hände manchmal nur zucken lässt. Die Stärke und Richtung des Impulses erzählt schon wieder Interessantes.

Die Mimik – ein offenes Buch

Fasziniert oder gelangweilt

Was in uns vorgeht, können wir am wenigsten in der Mimik verbergen. Hände kann man noch in Taschen stecken oder sie am Pult fixieren, auch eine aufgerichtete Körperhaltung lässt sich antrainieren, aber der Gesichtsausdruck spiegelt unverkennbar unsere Emotionen.

Gehen wir zum Frankfurter Flughafen. Ein Fluggast wartet auf das Einchecken. Seine Haltung ist neutral, die Hände ruhig, aber die Augen gehen hin und her, die Stirn ist hochgezogen, ab und zu presst er die Lippen zusammen. Das Gesicht verrät viel Unruhe. Als eine Frau auf ihn zugeht, entspannt sich das Gesicht. „Hast du etwa gedacht, ich komme nicht mehr rechtzeitig?“ – „Nein, überhaupt nicht. Ich wusste, dass du kommst.“ Und genau mit diesem Satz hat er gelogen, denn wir wissen jetzt schon, dass es sich lohnt, genauer hinzuschauen – egal, was jemand behauptet.

Der offene Blick, gewinnende Mimik

Für die Mimik, unsere Körpersprache des Gesichts, gibt es keine Regeln oder einstudierbare Verhaltensweisen. Genauso, wie das bei der Gestik sinnlos und irritierend ist. Die Katastrophe beginnt nur, wenn das Gesicht n i c h t mitspricht.

Pokerspieler versuchen auch, die Mimik in den Griff zu bekommen, und manche sind damit recht erfolgreich. Sie haben das berühmte „Pokerface". Auch Manager üben sich darin, keine Miene zu verziehen, wenn schlechte oder gute Botschaften eintreffen. Eines können Sie aber nicht unterdrücken: Bei Überraschung weiten sich unsere Pupillen. Deshalb haben die Pokerprofis gern dunkle Brillen auf. Nutzen Sie dieses Wissen und schauen Sie Ihren Verhandlungspartnern im entscheidenden Moment unbedingt in die Augen.

In vielen Vorstandsetagen und Unternehmen gilt jede Gefühlsregung als unprofessionell und unsachlich. Wir wissen aber, dass unser Gesicht ein offener Anzeiger für Emotionen ist. Also versuchen wir, die Gefühle zu verbergen und üben uns in einem ausdruckslosen Gesicht, weil wir glauben, nur so unsere logischen Inhalte und Argumente unbeeinflusst vermitteln zu können. Wir Menschen sind aber keine logischen Wesen, wenn das auch der irrige Ausdruck „homo sapiens" suggeriert. Zuerst achten wir auf alles, was unsere Emotionen bedient. Sie sind ungleich stärker als unser vernünftiges Denken – hier irrte Kant. Die Hirnforschung hat in den letzten Jahren nachgewiesen, dass wir andere Menschen nur gewinnen können, wenn wir Gefühle einsetzen.

Das Gesicht verrät jede Emotion.

Pokerfaces sind daher nicht cool, sondern abschreckend, uninteressiert und unglaubwürdig. Ein neutraler Gesichtsausdruck, in jeder Lage und bei jeder Äußerung, erzeugt bei den Zuschauern und bei jedem Publikum Langeweile, Misstrauen, Irritation, Unaufmerksamkeit, Antipathie. Zum Krankheitsbild hochdepressiver Menschen gehört genau dieses regungslose Gesicht.

Das echte Lächeln

Die übliche Begrüßung: „Herzlich willkommen, meine Damen und Herren, ich freue mich, dass Sie so zahlreich erschienen sind“ wird absolut gedankenlos und mit neutralem Gesicht heruntergebetet. Jedem Kind würden wir sofort sagen, ‚du lügst‘. Denn das „Herzlich“ wird ohne freundlichen Gesichtsausdruck verkündet, „ich freue mich“ wird mit einer ernsten, unbewegten Miene dahingesagt. Benutzen Sie diese Worte nur, wenn Sie es auch so meinen. Abgesehen davon, dass das „zahlreiche Erscheinen“ so abgedroschen ist, dass Sie damit sowieso nur langweilen. Wenn wir im Alltag eine Person für uns und unsere Ideen gewinnen wollen, ist uns kein Energieaufwand zu hoch. Denken Sie nur ans Flirten! Das Gesicht nimmt regen Anteil am Gesagten, wirkt oft übertrieben nachdenklich, mitfühlend, erfreut … und die Hände agieren, zeigen, stellen dar … – nichts ist uns zu viel. Wir wirken dabei nicht mehr besonders normal, aber unser Gegenüber honoriert in der Regel diesen Aufwand.

Bei einem Statement oder einer Verhandlung ist der interessierte, offene Blick wichtig. Häufig sind wir aber gerade in dieser Situation so konzentriert auf unsere Aussagen, dass der Blick nach innen gekehrt ist und oft tiefe Falten unsere ‚Denkerstirn‘ prägen. Denn es hängt ja einiges vom Resultat ab. Das wirkt leider nicht souverän und locker, sondern verkrampft. Vorsicht, wenn Sie bei einer Verhandlung Ihren Gesprächspartner auf seine Mimik festlegen: ‚Der will kein ehrliches Resultat, er strengt sich an, mich über den Tisch zu ziehen.‘ Dieses Urteil kann völlig falsch sein, weil er eben nur konzentriert nachdenkt.

Frauen sind in Verhandlungen eher mit dem Schutzschild „Lächeln“ unterwegs. Vorsicht vor gemachter Freundlichkeit, denn es gibt viele Arten, zu lächeln: das wissende, das verschwörerische, das herablassende, das heitere Lächeln, um nur einige Arten zu nennen. Setzen Sie es ein, aber erstarren Sie nicht in dem schrecklichen Keep Smiling. Das variiert die Mimik nicht, sondern verkrampft sie in einer einzigen Stellung. Daher wirkt es unecht und unsympathisch. Als am 11. September 2001 eine Nachrichtensprecherin bei CNN die Anschläge auf die Twin Towers bekanntgeben musste, hatte sie noch eine Stunde nach der ersten Meldung ihr gewohntes Lächeln in den Mundwinkeln. Erst ihre Nachfolgerin brachte es fertig, ohne Keep Smiling diese ernsten Nachrichten zu lesen. In der Redaktion einer großen deutschen Zeitung saßen wir gemeinsam vor dem Fernseher. Die Kommentare zu diesen Nachrichten waren: „Das ist sicher nicht wahr“; „Wann kommt die Auflösung?“ und später: „Die weiß doch gar nicht, was sie liest“; „Kann die überhaupt mitdenken?“ Lassen Sie es nie zu solchen Urteilen kommen. Zu Recht haben wir ein gewisses Misstrauen, wenn alles ‚super gut‘ sein soll und permanent ‚funny‘.

Wenn Sie ein richtiges Lächeln beobachten, beginnt dieses immer in den Augenwinkeln, diese verengen sich und die bekannten Lachfältchen erscheinen, dann erst verziehen sich auch die Mundwinkel nach oben und in die Breite. Beim Keep Smiling lachen die Augen nicht mit und das sehen wir sofort. Also nutzen Sie Ihre normale Mimik mit all den Varianten, die sie zu bieten hat. Darüber brauchen wir nicht mal nachzudenken, wir müssen das Gesicht nur mitsprechen lassen. Die Stirnpartie zum Beispiel unterstreicht durch Hochziehen der Augenbrauen Besonderheiten, beim Zusammenziehen signalisieren wir Bedenken, Zweifel. Unsere Nasenflügel können warnend aufgebläht werden, der Mund gibt unsere Einstellung zur Person und Sache wieder. Auch wenn er nicht spricht, verraten die Mundwinkel unser Urteil. Das ist wieder ein Grund, warum so viele Führungskräfte bei öffentlichen Auftritten die Mimik abzustellen versuchen. Aber wer nichts zu verbergen hat, kann seine Körpersprache auch offen einsetzen. Alle Menschen des öffentlichen Lebens, die sympathisch und gewinnend sind, verhalten sich ganz natürlich und unaffektiert.

Mimik lässt sich nicht komplett verstellen.

Der Kopf ist mit vielen Sinnesorganen ausgestattet. Wir können damit unsere Umwelt gut wahrnehmen. Mit Augen, Ohren, Mund, Haut (wie überall am Körper) und Nase erfassen wir eine ganze Menge von Eindrücken, die sich ergänzen. Sie sind genau in der aufgeführten Reihenfolge wichtig für unser Überleben. Das Auge ist das bedeutendste

Sinnesorgan, denn wir müssen ganz schnell sehen, was uns bedroht, das Riechen dagegen ist für unser Überleben nicht so wichtig.

Am Kopf – nicht nur im Kopf – treffen also viele verschiedene Signale unserer Umgebung ein. Deshalb bewegen wir unser Gesicht auch sehr unterschiedlich. Weil die Mimik von mehreren Informationskanälen beeinflusst wird, ist sie nicht immer leicht zu deuten.

Der Stirn-Augenbereich

Die Stirnfläche steht quer zur normalen Bewegungsrichtung des Menschen, dadurch ist sie sensibel für Luftzug. Berührungsempfindliche Nervenzellen zeigen uns den Wind, aber auch die Luftbewegung beim Gehen an. Die Haut spürt diese Feinheiten. Bei starken Kopfschmerzen schützen wir gern die Stirn mit der Hand oder wir senken den Kopf bei starkem Gegenwind oder Kälte. Das sind alles Schutzmaßnahmen für die Sinnesorgane und das Gehirn.

Die Stirn ist aber auch beweglich. Mit dem Hochziehen der Stirn können wir die Augen weiten, beim Absenken wird die Augenöffnung kleiner. Das brauchen wir bei grellem Licht. Aber auch wenn wir bei Wind und Regen draußen sind, werden die Augenbrauen abgesenkt, das Blickfeld verkleinert sich. Dagegen werden Sie immer die Stirn hochziehen, wenn Sie mehr sehen wollen z. B. bei Dämmerung, aber auch, wenn Sie etwas Neues,

Verblüffendes sehen. Das bedeutet, dass die Stirnbewegung nach oben oder unten auch im übertragenen Sinn etwas über unsere Einschätzung des Gehörten und Gesagten verrät.

An einem Tisch im Restaurant sitzt ein Pärchen, das sich über die Urlaubsplanung unterhält. Er schlägt einen Aufenthalt in den Tiroler Alpen vor. Je länger er redet, desto düsterer sieht die Partnerin aus, eine steile Senkrechtfalte zeigt sich zwischen den Augenbrauen. Aber das sieht der Gesprächspartner nicht, denn er ist mit seinem Smartphone beschäftigt. Und so schwadroniert er weiter, wie schön es doch dort sei, bis er plötzlich hochschaut, die Signale wahrnimmt und beleidigt fragt: „Hast du was dagegen?" Und dann legt sie los: „Was glaubst du eigentlich, dass du einfach allein bestimmen kannst, wo wir hinfahren?" Und der Krach ist perfekt. Er hat zwei Chancen verpasst: Zum einen hat er seine Partnerin nicht angesehen, konnte so ihr Gesicht nicht sehen und seinen Ton nicht den Bedenken anpassen. Auf der anderen Seite war auch keine Begeisterung in seinen Augen oder seinem Ton, er war abgelenkt. Begeisterung steckt bekanntlich an.

Jetzt gibt es im Gesicht aber noch ein Innen und Außen. Die Informationen oder Reize, die wir eben geschildert haben, kommen aus der Umwelt. Es kann aber auch sein, dass sich bei der Frau durch die Erinnerung die Stirn in Falten legt, denn sie fand den letzten Urlaub in den Bergen langweilig. Dann kommt die Information für die mimische Veränderung von innen – oder um in der

Begriffswelt des Verhaltensforschers Eibl-Eibesfeld zu bleiben: Der Auslöser kommt von innen. Die Reaktion darauf ist jedoch dieselbe. Deshalb beziehen wir häufig einen Gesichtsausdruck auf uns oder auf die aktuelle Situation, dabei kommt er oft aus dem Erinnern oder Nachdenken. Dafür ist besonders der Stirn-Augenbereich ein guter Anzeiger. Also Vorsicht vor schnellen Schlüssen, die Mimik kennt verschiedene Beweg- und Bewegungsgründe.

Bild 10: überlegen (s. Text)

Bild 11: nachdenken (s. Text)

Bild 12: grübeln (s. Text)

Wenn Sie zum Beispiel mit Ihrem Kollegen sprechen und es fehlt Ihnen ein Fachbegriff oder ein Name ist Ihnen entfallen, müssen Sie kurz ***über***legen. Wir ziehen dabei – unbewusst – die Stirn hoch, der Blick richtet sich meist schräg nach oben. Folgt ein rascher Einfall, ist also die Unsicherheit schnell beseitigt, dann kehren wir auch in den ursprünglichen Gesichtsausdruck zurück.

Fällt uns das Gesuchte aber nicht sofort ein, müssen wir ***nach***denken. Die Stirn drückt leicht auf die Augenbrauen, diese sind etwas heruntergezogen. Das Blickfeld nach oben wird nahezu völlig ausgeblendet, die Augen wandern zur Seite, als ob sie einem bewegten Objekt nachschauen, der Blick richtet sich nach innen.

Es fällt uns trotzdem noch nicht ein: Nun müssen wir ***grübeln***. Die steile „Denkfalte“ zwischen den Augenbrauen vertieft sich. Jetzt senkt sich der Kopf auf die Brust, der Blick geht zum Boden, häufig schließen sich die Augen, der Blick richtet sich tief nach innen, wir stützen eventuell die Stirn in die Hand. Und damit haben wir die Skulptur von Rodin, „Der Denker“, perfekt beschrieben.

In einem mittelständischen Unternehmen der Pharmabranche hatte der Chef-Controller die Angewohnheit, sich immer, wenn finanzielle Probleme zu lösen waren, in sich zurückzuziehen und mitten im Meeting nichts mehr zu sagen. Er war kaum mehr ansprechbar und seine Körperhaltung zeigte das auch deutlich. Der Blick nahm die anwesenden Kollegen nicht mehr wahr. Eine neue Kollegin irritierte das sehr und sie versuchte, ihn anzusprechen: „Herr Kollege, das scheint Sie nicht zu interessieren, aber es ist Ihr Ressort. Sie müssen mit Ihrer Abteilung eine Lösung finden.“ – „Ich hab’s gleich“, kam zurück und tatsächlich, nach ca. fünf Minuten kamen von ihm zwei Lösungsvorschläge. Seine Körpersprache und die nach innen gerichtete Mimik ließen nicht erkennen, ob er noch interessiert war oder einfach schon weiterdachte. Wenn Sie also jemanden nach der Mimik beurteilen wollen, müssen Sie genau hinsehen, aber auch individuelle Verhaltensweisen einbeziehen.

Der innere und äußere Blick

Die Vermutung, dass der Stirn-Augenbereich die gedankliche Arbeit ausdrückt, kann noch präzisiert werden: Wir suchen mit den Augen in der Erinnerung (Konzentration). Aber noch sind die Regeln für das Aufreißen der Augen (Stirn hochziehen) und für die Augenverengung (Stirn wird nach unten gezogen) nicht klar zu erkennen. Deshalb zwei weitere Beispiele aus dem natürlichen Gebrauch unserer Augen.

Sie wollen ein kleines Tier, das an der Wand krabbelt, genauer sehen. Dazu ziehen wir die Stirn herab, um zu fokussieren, ist es eine Fliege oder Stechmücke. Das machen wir auch bei Gesprächen, wenn wir eine Aussage anzweifeln, wenn wir es nicht so „sehen“ wie unser Partner. Dann wollen wir genauer wissen, was dahintersteckt. Wir suchen in unserem Gedächtnis nach Erklärungen.

Wenn Sie aber zum ersten Mal vor dem Empire State Building oder vor einem hohen Berg stehen, werden Sie die Stirn hochziehen. In solch einem Fall wollen wir mehr sehen, alles erfassen. Das tun wir auch, wenn uns eine Nachricht überrascht, wenn wir neugierig sind, beeindruckt, fasziniert, begeistert. Dann „trauen wir unseren Augen nicht“, wir staunen – mit hochgezogener Stirn.

Die herabgezogene Stirn dagegen zeigt einen gedanklichen Such- und Erinnerungsprozess an, und das heißt doch, dass schon ähnliche „innere“ Informationen vorhanden sein müssen, dass Erfahrungen und Eindrücke vorliegen. Das prägt auch den Gesichtsausdruck beim Zweifel. Wir trauen der Sache nicht und wollen sie genauer mit unserem Wissen vergleichen.

Bild 13: (staunen) Stirn hochgezogen, große Augen

Bild 14: (zweifeln) Stirn runtergezogen, verengte Augen

Aber die hochgezogene Stirn ist ein Zeichen dafür, dass es *keine* inneren Referenzen gibt, dass *keine* vergleichbaren Kenntnisse vorhanden sind. Die Person erlebt oder erfährt etwas ganz Neues, Unerwartetes. Je nachdem, wie stark die Stirn hoch- oder heruntergezogen wird, können Sie bei Ihren Mitmenschen ablesen, wie bekannt das Gesagte ist oder welchen Neuigkeitswert es hat.

Die hochgezogene Stirn zeigt Erstaunen, Neugier, Bewunderung.
Die herabgezogene Stirn zeigt Konzentration, Zweifel, Nachdenken.

Dasselbe gilt auch, wenn Ihr Gesprächspartner etwas für ihn Beachtliches erzählt, dann hebt er dabei die Augenbrauen genauso an wie zu dem Zeitpunkt, als er das Erstaunliche gesehen hat. Je selbstverständlicher die Sache aber wird, umso mehr verschwindet die Stirnanhebung. Und damit haben Sie schon wieder ein Instrument in der Körpersprache, hier der Mimik, um Emotionen und wahre Aussagen abzulesen.

Der Stirn-Augenbereich sagt alles über die Aufmerksamkeit, auch über die Bereitschaft des Gesprächspartners, eine Sache zu akzeptieren. Und wie wir jetzt wissen, sehen wir beim Gesprächspartner aber auch die gedankliche Orientierung nach innen oder außen. Wir erfahren sogar, ob die Nachricht neu ist und ob sie fasziniert.

Was aber, wenn uns jemand nicht anschaut, obwohl wir mit ihm reden? Das kann bei schüchternen Kindern vorkommen oder auch bei Erwachsenen. Hier ein Beispiel: Die Personalchefin eines Senders hatte schon viele Bewerber vor sich sitzen gehabt und die üblichen Einstellungsgespräche geführt. Jetzt saß sie einem jungen Mann gegenüber, der in der PR-Abteilung anfangen wollte. Er hatte als Journalist die richtigen Voraussetzungen. Während er berichtete, was er zuletzt bei einer Regionalzeitung gemacht hatte, war sein Verhalten völlig normal. Aber als die Fragen nach seinem Verhältnis zu Vorgesetzten, zu seiner Person, seiner Familie, seinen Vorlieben und Hobbys kamen, verweigerte er den Augenkontakt. Sein Blick wich immer seitlich nach rechts oder links aus. Dazu wollte und konnte er keine Position beziehen. Wie sich später herausstellte, hatte sein voriger Chef ihm mit der Begründung gekündigt, er sei völlig ungeeignet, viel zu lasch und brächte es als Journalist nie zu etwas. Das hatte zur Folge, dass die Familie ihn als „Versager“ abstempelte und ganz offen so benannte. Plötzlich zählte nichts mehr, was er als Leistung angesehen hatte. Er war zu diesem Zeitpunkt völlig verunsichert, was seinen Selbstwert betraf. Deshalb konnte er auch keinen Blickkontakt aushalten.

Sprechen ohne Blickkontakt signalisiert Ablehnung.

Bei Verweigerung des Blickkontakts wissen wir viel über die negative Bewertung und Sichtweise zu einem Thema oder – wie in unserem Beispiel – zur eigenen Person. In diesem Fall sehen wir an der Stirn auch Vorbehalte und Zweifel. Sie erinnern sich, das war die heruntergezogene Stirn. Der Blick und die Stirnbewegung verraten sehr viel, was eine Person wirklich von einem Thema oder einer Person hält. Mimik ist leicht zu lesen, aber Sie müssen es sehen.

Schauen Sie genau hin – es lohnt sich!

Der Nasen-Wangenbereich

Für uns Menschen ist die Nase nicht annähernd so wichtig wie für Hunde. Das liegt am aufrechten Gang. Geruchsinformationen am Boden sind für uns nicht wichtig, aber für einen Hund kann es existentiell sein, eine Fährte zu verfolgen, denn er kann sich nicht optisch an einem Hochhaus als Ziel orientieren. Der menschliche Geruchssinn, das Differenzierungsvermögen der Nase ist relativ schwach ausgeprägt, verglichen mit vielen anderen Wirbeltieren. Weil wir nicht so empfindlich auf Gerüche reagieren, können wir die Nase auch „in viele Dinge stecken“ – ohne dass im Ernstfall ein bedeutender Teil unseres Wahrnehmungsvermögens verloren geht und damit das Überleben gefährdet wird. Vergleichen Sie das einmal mit den Augen oder den Händen, mit denen wir sehr viel vorsichtiger umgehen, weil sie eine viel größere Bedeutung für unser Überleben haben.

Trotzdem dient auch beim Menschen die Nase zur Information, zur Orientierung und Warnung. Wenn Sie zum Essen eingeladen sind und es duftet aus der Küche nach Ihrer Lieblingsspeise, sagen wir mal einem zarten Lammfilet mit Pommes Dauphinois, Rosmarin und Bohnen, dann atmen Sie tiefer ein. Bereits bei dieser kleinen Schilderung dürften sich jetzt bei Ihnen Erinnerungen an diese Speisen eingestellt haben; es sind Duft- und Geschmackserinnerungen. So gut hat dieses Essen zum letzten Mal in einem Restaurant in Frankreich geduftet, also wird es auch jetzt sehr gut sein. Wenn dann aber das Essen auf Ihrem Teller liegt und Sie sehen, dass die Bohnen zerkocht sind, das Gratin in einer Soße schwimmt, dann riechen Sie es auch, dass das Filet angebrannt ist. Hier hilft das Auge mit. Stimmt, der Duft war nur ähnlich, jetzt können wir ihn differenzieren. Und Sie sind gewarnt, sich noch eine Portion zu holen. Das war die Information aus der Erinnerung, die Orientierung und Warnung.

Bei der Nase handelt es sich im wörtlichen Sinn um ein „kritisches" Organ. Die Nase funktioniert als „Duftanalysator" häufig zusammen mit dem Mund. Sie vermittelt eine große Palette von Gerüchen zwischen den Extremen Wohlgeruch und Gestank. Wenn wir uns unbekannten Speisen nähern, dem ersten Schneckeneintopf, der ersten Schlangenmahlzeit, dann geht zunächst die Nase vor, um „Witterung aufzunehmen". So verschaffen wir uns erste Informationen, die eine grobe Einordnung von gut oder schlecht erlauben.

Das stinkt mir!

Die Muskeln, mit denen wir die Nase bewegen können, reichen von der Nasenwurzel über die Wangen bis in die Oberlippe. Rümpft man die Nase, so heben sich die Wangen an, die Augenhöhlen verkleinern sich, die Oberlippe wird hochgezogen und im Extremfall werden die oberen Schneidezähne freigelegt, so der Verhaltensforscher Eibl-Eibesfeld. Es entsteht ein seitlicher Druck, der die Nase verschließt. Die Gesichtsfläche zieht sich zusammen und erweckt den Eindruck von Ablehnung, Abscheu.

Bei schlechten Gerüchen verschließen wir die Nase durch Hochziehen der Wangenpartie und leichtes Naserümpfen, vermeiden dadurch eine weitere Belästigung durch den Duft – für den Außenstehenden eine deutliche Missfallenskundgebung. Beobachten Sie bei einer Zugfahrt im Herbst Ihre Mitreisenden, wenn der Zug durch weite Felder fährt, die eben frisch gedüngt wurden. Dann dauert es etwas, bis der Gestank durch die Lüftung in den Waggon dringt, aber dann können Sie viele Gesichter mit diesem Ausdruck des Ekels sehen.

Automatisch halten wir auch die Atmung an oder stoßen Luft aus, um die unangenehmen Düfte nicht mehr zu riechen. Das Zusammenziehen der Muskulatur an der Nasenwurzel macht die Augen klein, der Mund ist fest verschlossen, häufig drehen wir sogar den Kopf noch aus der Duftrichtung.

Beim Naserümpfen drücken Augen, Mund und Nase durch Verkleinerungen aus, dass wir etwas um keinen Preis an uns heranlassen: Wir verweigern die optische, geschmackliche und geruchliche Wahrnehmung. Dieses Verhalten müssen wir nicht lernen, es ist angeboren.

Gute oder schlechte Gerüche entscheiden über Zuwendung oder Abneigung.

Beobachten Sie einmal ein Kleinkind, das unbedingt noch einen Löffel Spinat essen soll. Das ganze Gesicht ist verschlossen, Mund, Augen und Nase – darauf weist die Verhaltensforschung hin. Eltern werden bestätigen, dass man einem Kleinkind die Verweigerung der Nahrungsaufnahme nicht beibringen muss.

Düfte sind auch das Ressort von Parfümeuren. Sie haben das erklärte Ziel, Wohlgerüche zu entwickeln. Aber das individuelle Empfinden ist hier sehr unterschiedlich. Eine Freundin hatte sich voller Überzeugung für ein neues Eau de Toilette entschieden. Mag sein, dass sie des Guten zu viel aufgetragen hat, jedenfalls kam ihr Mann nach Hause und sagte: „Das stinkt ja hier wie im Puff. Ist das WC-Spray ausgelaufen?“ Er dürfte genauso geschaut haben wie die angeekelten Reisenden im ICE.

Und jetzt wird es wichtig für die Beurteilung und die Deutung von mimischen Veränderungen während eines Gesprächs. Der Meister meiner Kfz-Werkstatt hatte eine Auseinandersetzung mit seinem Lehrling. Ich stand im Hintergrund und hörte ihn sagen: „Wie kann man nur so blöd sein! Du bist dumm wie die Nacht und willst noch Recht haben. Du weißt gar nix und bist der letzte Dreck, merk dir das.“ Dieser Mensch hat sich voll danebenbenommen und war mir widerlich. Wie ich zufällig in einem Spiegel sehen konnte, war meine Stirn heruntergezogen, die Nasenwurzel angespannt und der Mund fest verschlossen. Auch der Lehrling machte ein Gesicht, das eindeutig sagte: Du stinkst mir.

Es gibt also Menschen, die wir nicht riechen können, obwohl sie keineswegs einen schlechten Geruch ausströmen müssen. Hier ist es der Charakter, die Umgangsform, das Verhalten, das uns „stinkt“. Mit diesen Menschen wollen wir nichts mehr zu tun haben.

Jeder Mensch hat ein angeborenes und erworbenes Geruchsempfinden. Da gibt es viele Gemeinsamkeiten mit anderen, aber auch eigene Beurteilungen. Jeder wird sagen, dass eine Rose gut duftet und eine Jauchegrube stinkt. Aber nicht alle Menschen mögen Fisch und einige empfinden daher schon den Geruch als eine Zumutung.

Wenn wir von einem Duft begeistert sind, weiten sich die Nasenflügel, wir atmen ein und kosten den Duft aus. Dabei „zergeht“ das Gesicht zu einem Lächeln. Der Körper richtet sich in ganzer Länge auf, um das Luftvolumen zu vergrößern und so noch mehr vom Duft einzufangen. Übrigens: Kennen wir den Duft schon, dann schließen wir die Augen. Rosen duften sehr verschieden, aber wir genießen diesen Duft immer. Die Verhaltensforscher nennen das eine „affine Erfahrung“. Überrascht uns aber ein Duft, weil er neu oder „besonders“ ist, heben wir die Stirn-Augenpartie an. Das war der Ausdruck für Neues und Überraschendes. In diesem Fall spielen Stirn- und Nasenpartie des Gesichts zusammen.

Die Nase entscheidet als erste Instanz über Interesse oder Gleichgültigkeit.

Das Resümee aus dem Verhalten des Nasen-Wangenbereichs: Die Nase fällt ein erstes, vorläufiges Urteil. Damit aber legt sie das weitere Verhalten fest. Das Vor-Urteil entscheidet darüber, ob wir uns nähern, mit einer Sache oder Person befassen, oder ob wir auf Distanz gehen, uns möglicherweise sogar abwenden.

Der Mund

„Das ist aber ein guter Entwurf, Frau Fischer, ich sehe schon Ihre strukturierte Herangehensweise. Wirklich, gefällt mir“, sagt die Chefin lächelnd. Die Chefin steht hinter Frau Fischer, die am PC arbeitet. Diese macht ein Konzept für das kommende Firmenevent und freut sich über dieses Lob. Das sagt sie später auch ihrer Kollegin, die ihr gegenübersitzt. Die Kollegin gegenüber konnte natürlich das Gesicht der Chefin sehen und warnt: „Die hat das nicht ehrlich gemeint. Du hättest mal sehen sollen, wie sie hinterher die Mundwinkel runtergezogen hat.“

Warum hat sich die Nation jahrelang über die Mundwinkel von Angela Merkel aufgeregt? Weil wir alle wissen, was heruntergezogene Mundwinkel bedeuten: Geringschätzung, Ablehnung, miese Laune. Woher wir das wissen? Das Gegenteil ist der breite Mund, die nach oben zeigenden Mundwinkel: ein Lächeln. Das lieben und erkennen wir sofort. Wie kommt es aber, dass der Mund so klare Auskunft gibt über unsere Emotionen?

Der Mund ist für unser Überleben existenziell wichtig. Denn er ist das einzige Organ, durch das wir dem Körper Nahrung, also Energie zuführen können. Dazu muss aber in jeder Hinsicht sicher sein, dass die Nahrung auch verträglich ist. Die Energie kann nur gewonnen werden, wenn die Verdauungsorgane die Nahrung auch umwandeln können. Deshalb müssen in der Mundhöhle Informationen über Temperatur, Beschaffenheit und Geschmack ermittelt werden. Hier entscheiden wir schon, ob wir das Essen schlucken. Wenn Sie versuchen, auf Kieselsteinen herumzukauen, sagt Ihnen die Prüfstelle Mund sofort „ausspucken!“ Oder wenn Sie Rohöl trinken, führt der widerliche Geschmack zum selben Befehl.

Fangen wir mit dem Temperaturempfinden im Mund an. Es beschränkt sich auf die Feststellung *zu* heiß, *zu* kalt. Damit kann es nicht sehr genau unterscheiden. Wir besitzen andere Körperteile mit wesentlich größerer Temperaturempfindlichkeit, bereits die Lippen können das viel genauer. Warum prüfen Mütter die Wärme des Fläschchens an der Wange? Dort sind wir viel sensibler gegenüber Temperaturen. Die Wärme-Kälte-Empfindlichkeit des Mundes ist nur auf Extremwerte ausgerichtet. Deshalb nutzen wir diese Sensibilität, denn sie verhindert, dass andere Organe gefährdet werden.

Wesentlich ausgeprägter ist die Konsistenzprüfung, die Auskunft über die Zusammensetzung und Beschaffenheit der Nahrung gibt. Wir können mit dem Mund sehr feine Stufen von „hart“ wie bei einer Nuss und „zu hart“ wie bei der Nussschale unterscheiden. Das hat für Verdauung und Bekömmlichkeit entscheidende Bedeutung. Geprüft wird mit der Zunge, damit betasten wir die aufgenommene Nahrung und erhalten Informationen über Form und Größe. Mit dem Biss der Vorder- oder Backenzähne ermitteln wir dann die Festigkeit oder Härte der Nahrung, um sie durch Zerkauen in schluckbare Teile zu zerlegen. Lässt sich die Substanz nicht zerkleinern oder aufweichen, wird alles ausgespuckt.

Mit der Geschmacksprüfung im hinteren Teil der Zunge lassen sich sehr feine Nuancen ermitteln. Die Spanne reicht von süß, über süß-sauer, bis sauer, um dann in den Geschmack bitter überzugehen. Aber schon bei der Festlegung lehrt die Erfahrung, dass der Geschmack nicht allgemein verbindlich ist und ganz individuell wahrgenommen wird. Dem einen schmeckt die versalzene Suppe, der andere liebt die penetrante Süße von Schokoriegeln und der dritte findet bittere Orangenmarmelade göttlich. Geschmack ist ein Ausdruck der Individualität, über Geschmack lässt sich bekanntlich nicht streiten.

Der Mund ist die Prüfstelle für die Nahrungsaufnahme und damit auch für Geschmacksurteile.

Wenn es uns schmeckt, essen wir mehr, im anderen Fall wenig. Handelt es sich um unbekannte und geschmacklich unangenehme oder nicht identifizierbare Bissen, setzt eine Verweigerung ein, die bis zum Ausspucken führen kann. Äußere Merkmale der Verweigerung sind zusammengepresste, leicht geschürzte Lippen; oder, wenn sich ein Fremdkörper bereits in der Mundhöhle befindet, aufeinander gepresste Lippen, die nach der Seite verzogen werden, auf der der Fremdkörper ertastet wird. In beiden Fällen sind wir weder in der Lage noch willens, neue Informationen in die Mundhöhle aufzunehmen, deshalb pressen wir die Lippen aufeinander. Und jetzt im Klartext: Tante Erna kommt zu Besuch. Sie liebt Schwarzwälder Kirschtorte und diese bekommt sie auch zum Kaffee. Schon beim ersten Biss wird ihr Mund breiter und verzieht sich zu einem Lächeln; das heißt: „Oh, wie gut!“ Etwas später entdeckt sie einen Kirschkern. Die Lippen sind jetzt fest verschlossen und man sieht die Zunge auf der rechten Seite suchen. Als sie den Kern gefunden hat, wird er durch eine kleine Mundöffnung rausbefördert. Dann geht sie etwas vorsichtiger wieder ans Genießen.

Bild 15: (Wohlgeschmack) lächeln, hmmm!

Bild 16: (Fremdkörper im Mund) Mund eng, verschlossen, Zungenspitze ist als Beule an einer Wange zu sehen

Und nun wieder zu unserem Ausdrucks-Baukasten: Wenn gleichzeitig mit den geschlossenen Lippen die Augen verengt werden, ist das ein Zeichen dafür, dass ich den Gegenstand nicht identifizieren kann. Der Kauende ertastet die Wahrnehmungen innerhalb der Mundhöhle, er sucht in der Erinnerung nach Anzeichen, mit denen sich der Fremdkörper als genießbar oder ungenießbar bestimmen lässt. Wenn ich aber unerwartet auf einen neuen, guten Geschmack stoße, werden die Augen groß.

Es schmeckt, aber …

Natürlich pressen wir die Lippen auch zusammen, wenn wir schon wissen, dass uns Fisch nicht schmeckt, wir verweigern damit die Aufnahme. Denken Sie an das Spinatsyndrom bei Kleinkindern. Die Lippen sind dann so zusammengepresst, dass Sie keinen Löffel hineinschieben können. Dabei setzt sich die Lippenspannung in die Nase fort, bis in die Augenpartie, sodass wir im Extremfall wieder den Ausdruck der Abscheu, der totalen Verweigerung finden. Auch hier bestätigt sich, dass die Reaktion der Augen-Stirnpartie zeigt, ob wir diese Erfahrung schon kennen und wie wir sie einschätzen – in diesem Fall schlecht.

Wohlgeschmack lässt uns den Mund in die Breite ziehen, das hat uns schon Tante Erna gezeigt mit ihrer Schwarzwälder Kirschtorte. Eine Frage am Rand: Ist das Lächeln nun eine Folge des Wohlgeschmacks – oder der Wohlgeschmack eine Folge der Gemütsregung? Wir bewegen die Speise genüsslich, also langsam hin und her, um lange daran zu haben. Schmeckt es uns nicht, dann hängen die Mundwinkel herab, sie „stürzen" regelrecht ab, die Speise wird möglichst wenig hin und her bewegt, wir kauen „mit spitzen Zähnen" und schlucken rasch oder spucken aus.

Wir kennen aber auch Gesichtsausdrücke, bei denen wir mit breitem Mund die Unterlippe hochziehen und die Lippen aufeinanderpressen, das Gesicht nimmt einen schmerzlichen Ausdruck an. Das können Sie jetzt leicht deuten:

- Die breit gezogenen Lippen zeigen den Wohlgeschmack an,
- die hochgezogene gespannte Unterlippe zeigt die Verweigerung.

Das ist der Fall, wenn uns die Speise zwar schmeckt, aber erfahrungsgemäß nicht bekommt. Jetzt müssen wir doch noch mal unsere Tante Erna einladen. Denn beim nächsten Kaffeebesuch strahlt sie zunächst beim Anblick der Torte, aber dann presst sie die Lippen zusammen und schiebt die Unterlippe vor. Sie darf keine Torten mehr essen, denn der Arzt hatte bei ihr Diabetes festgestellt. Im Klartext sagt der Mund: „Ich weiß, wie gut das ist, aber ich darf nicht.“

Das Differenzierungsvermögen des Mundes lässt sich nicht vollständig beschreiben. Dies scheint mir auch gar nicht notwendig, denn Sie haben inzwischen sicher schon verstanden, wie sich diese Ausdrucksformen aus Reizreaktionen ableiten lassen. Es genügt in der Regel, sich eine bestimmte Speise vorzustellen, um einen entsprechenden Mundausdruck hervorzurufen. Denken Sie mal ganz intensiv an eine saftige, frische Zitrone und daran, dass Sie gleich hineinbeißen werden. Lippen und Mundwinkel spannen sich an bis zum festen Verschluss.

Verweigerungen bedeuten allerdings nicht nur, dass man etwas von außen nicht in den Mund gelangen lassen will, sondern auch, dass man etwas im Mund nicht nach außen dringen lassen will, beispielsweise beim Sprechen oder beim unterdrückten Rülpsen. Hier werden Konventionen wirksam: Bei einigen asiatischen Völkern gehört das Rülpsen zum Ausdruck des Wohlgeschmacks – als Signal für „ist gut angekommen“ eigentlich sehr verständlich. In Mitteleuropa aber zählt es zu den Sünden höflichen Benehmens. Auch das Zusammenpressen der Lippen beim entschlossenen Schweigen zeigt die Absicht: nichts herauslassen! „An bösen Worten, die man ungesagt hinunterschluckt, hat sich noch niemand den Magen verdorben“, meint Winston Churchill. Aber es ist jedes Mal ein fester Entschluss, der sich an der Mundbewegung ablesen lässt.

Ein weiterer kommunikativer Ausdruck ist als Sinnesreiz nur sehr schwer vorstellbar, aber es gibt ihn: die unsymmetrische Reaktion. Können wir uns geschmacklich nicht für gut oder schlecht entscheiden, stellt sich ein unsymmetrischer Gesichtsausdruck ein: Auf der einen Seite schmeckt es uns, auf der anderen nicht. Der Mund ist schief. Solche Asymmetrien finden sich dann auch im Augen-Stirnbereich.

Geschmackssachen im Berufsleben

Der Mund bleibt auch die Prüfstelle, wenn es um Personen oder Inhalte geht. Und das ist sehr hilfreich bei Verhandlungen.

Das Meeting in der Bank war im vollen Gang, als sich die Tür öffnete und der Abteilungsleiter, Herr Neuer verspätet ankam. Alle Blicke gingen zur Tür, auch der Chef, der gerade präsentierte, schaute kurz hin. Dieser kurze Blick genügte und seine Mundwinkel verzogen sich leicht nach unten. Ich dachte, das galt der Verspätung, aber es kam noch deutlicher. Nach dem Meeting, bei der kurzen Nachbesprechung, war von Herrn Neuer die Rede. Sofort verzog sich das Gesicht seines Chefs, was eindeutig als Abwehr und Abwertung abzulesen war. Er hatte offenbar mit Herrn Neuer ein Problem und signalisierte eindeutig: Der Kerl schmeckt mir nicht! Aber dann lobte ein Kollege die innovative Bereicherung durch Herrn Neuers Ideen. Jetzt war der Chef einerseits angetan, andererseits hatte er seine persönlichen Erfahrungen, also wurde der Mund schief und eine Augenbraue angehoben.

In der Kommunikation zeigen wir also dieselben Reaktionen wie beim Essen. Geringschätzung, egal, ob auf eine Sache oder Person bezogen, äußert sich in den „abstürzenden" Mundwinkeln. Eine ganz ähnliche Reaktion hatten wir im Nasen-Wangenbereich, als wir eine Person nicht riechen konnten. War es da noch ein Vor-Urteil, das verhindert, sich mit einer Sache oder Person näher zu befassen, so sind wir mit der Mimik des Mundes beim schlechten Geschmack. Die Geringschätzung ist auf der „Kau"-Erfahrung begründet, die wir in der Auseinandersetzung mit dieser Person gemacht haben. Sie ist also kein Vor-Urteil mehr, sondern ein begründetes – also das, was wir als ein Werturteil oder eine Wertung bezeichnen.

Der Mund bewertet Speisen – aber auch Personen, Dinge und Situationen.

Wenn wir aber eine Person sympathisch finden, vielleicht noch von der Sache, die sie vorbringt, fasziniert sind, dann schmeckt uns das – jedenfalls zeigt es der breit lächelnde, oft auch leicht geöffnete Mund. Geschmackliche Zweifel dagegen, wenn wir die Bewertung noch nicht gefunden haben, zeigen sich in den gespitzten Lippen. Und der unsymmetrisch verzogene Mund demonstriert das Einerseits-Andererseits der Unentschlossenheit.

„Ihr Drehbuch ist viel zu verkopft und nicht in spannende Bilder zu bringen. Völlig daneben für eine TV-Produktion. Haben Sie eigentlich mal an die Umsetzung gedacht? Sie sollten besser für die Uni schreiben“, sagt der Produzent bei der Durchsicht einer Dokumentation über Mathematik.

Der Autor ist völlig verwirrt, denn diese Worte kommen mit einem freundlichen Lächeln. „Ja, aber so ganz schlecht finden Sie es doch nicht – oder?“ Der Autor verlässt sich auf die Körpersprache und den durch sie erzeugten freundlichen Ton, denn wir alle wissen: Mit Worten kann man lügen, aber „Körpersprachen lügen nicht“!

„Ich mein’ das schon so“, erwidert der Produzent, „dass Ihr Buch nicht realisierbar ist. Aber ich hab’ früher auch mal Mathe studiert und finde, ganz persönlich, Ihre Gedanken spannend. Ich hab’ ‘ne Menge gelernt.“ Jetzt lächelt er richtig zufrieden.

Es kann also vorkommen, dass Ihr Gesprächspartner den falschen Gesichtsausdruck zum Gesagten zeigt. Aber dann wissen Sie bereits: Die Mimik zeigt das echte Gefühl, die wahre Einschätzung. Was der andere gesagt hat, kann etwas anderes sein. Das Beispiel kennen wir schon: Die meisten Rednerinnen und Redner sagen zu Beginn: „Herzlich willkommen, meine Damen und Herren, ich freu mich, dass Sie hier sind!“ Dabei sehen sie aus, als hätte der Blitz eingeschlagen: finstere Grüblerstirn, kaum geöffneter, schmaler Mund. Auch hier sagt die Körpersprache die Wahrheit: Ich konzentriere mich gerade, um nichts zu vergessen und eine gute Performance zu haben. Die Worte sind nur Floskeln. Aber der Zuhörer unterscheidet sofort, ob Gesicht und Inhalt zusammenpassen. Nur dann meint der Redende, was er sagt und spricht die „Wahrheit“.

Versuche, beispielsweise Geringschätzung mit einer anderen als der beschriebenen Mundstellung auszudrücken, misslingen. Freudige Erregung bei gleichzeitig herabgezogenen Mundwinkeln lösen beim Betrachter Irritation aus.

Die Mundwinkel werden von Gefühlsurteilen gesteuert.

Auch der Mund reagiert also – wie die bisherigen Teile der Körpersprache – auf ganz einfache, biologische Erfahrungen. Beim Essen gibt es einen Reiz, auf den wir reagieren. In der Kommunikation machen wir im übertragenen Sinn genau dasselbe: Mund und Lippen bewerten jede Information. Die „intellektuelle“ Bewertung hat ganz ursächlich mit Gefühlen zu tun, und diese sind biologische Erfahrungen. Und so drücken wir Abneigung oder Freude am Essen genauso aus wie die Einschätzung von Menschen.

Und jetzt sind Sie wieder gefragt in der Einschätzung Ihrer Mitmenschen. Sie werden schnell ablesen können, was wirklich in Ihrem Gesprächspartner vorgeht. Denn, wie gesagt, die Mimik kann nicht beliebig verändert werden.

Stellen Sie sich einen extrem bitteren Geschmack auf der Zunge vor, Wermut oder Ähnliches. Versuchen Sie nun, die Stirn hochzuziehen. Es geht nicht, weil der bittere Geschmack ein Zusammenziehen des Gesichts auslöst. Es kostet enorme Konzentration, dabei die Stirn hochzuziehen.

Oder drücken Sie Ihre Geringschätzung für einen Gegenstand ausschließlich durch die Stirn-Augenpartie und den Nasen-Wangenbereich aus. Achten Sie darauf, dass Ihre Lippen dabei völlig entspannt bleiben. Auch das geht nicht, und zwar gar nicht. Geringschätzung ist, wie der Begriff schon erkennen lässt, eine Bewertung und dazu brauchen wir den Mund. Die übrigen Gesichtszüge alleine können diesen Ausdruck nicht vermitteln, aber unterstützen.

Der Mund beurteilt – wortlos.

Der Mund vermittelt Geschmacksurteile und damit die Beurteilung schlechthin. Er zeigt das gesamte Wertesystem, das eine Person aus geschmacklichen Erfahrungen und Erlebnissen entwickelt hat.

Die Ohren

Nach dem Sehen, Riechen und Schmecken müssen wir uns jetzt noch mit dem Hören befassen, um alle mimischen Veränderungen deuten zu können. Die Augen und der Mund sind sehr beweglich, hier kann ein guter Beobachter viel ablesen. Aber wie bei der Nase, spielt es auch eine Rolle, was wir mit den Ohren wahrnehmen. Beide Organe sind relativ unbeweglich, trotzdem machen sie mit, wenn Extremsignale empfangen werden. Denken Sie nur an Gestank, bei dem wir die Nase durch Rümpfen „verschließen".

Wenn man von wenigen begabten Menschen absieht, sind die Ohren die einzigen Sinnesorgane, die wir überhaupt nicht selbsttätig bewegen können. Von Tieren hingegen wissen wir, dass es ein „Ohrenspiel" zum Beispiel bei Hund, Katze, Pferd, Hase gibt. Wir „spitzen" die Ohren, wir „stellen" sie, man verlangt, sie „aufzusperren". Aufdringlicher Lärm macht „taube" Ohren; hat man etwas ausgefressen, dann legt man am besten die Ohren an.

Das Gehör hat die Eigenschaft, hervorragend zu filtern: Mitten im Lärm sind wir in der Lage, einem Gesprächspartner zuzuhören, dessen Lautstärke nur wenig über dem Lärmpegel liegt. Das können Sie im Restaurant, einem Bahnhof oder in der Disko überprüfen. Veränderbare Reizschwellen bewirken, dass wir hören können, was wir hören wollen oder müssen. Wenn Sie aus der Disko kommen, ist die Welt erstaunlich leise, ohne Autolärm. Die hohe

Lautstärke in der Disko hat die Empfindlichkeitsschwelle herabgesetzt, sodass Sie für einige Zeit erst mal „taub“ sind für alle Geräusche, die darunter liegen. Deshalb brüllen sich auch die Leute, die eine kurze Frischluftpause vor der Disko einlegen, immer so an.

Entwicklungsgeschichtlich musste das Gehör des Menschen, wie bei vielen Tieren, ursprünglich feststellen, woher eine Schallquelle kam. Lärm bedeutet in der Regel Gefahr und dann gilt es, sich in Sicherheit zu bringen. Eine viel spätere Entwicklung ist das Verstehen von Sprache. Erst nachdem das Gehirn so weit entwickelt war, Laute mit Informationen in Verbindung zu bringen, erfolgte die Analyse von Lautfolgen, das, was wir gemeinhin „Hörverstehen“ nennen. Ursprünglich sind die Ohren also unsere Orientierungsinstrumente im Raum. Die Zeit, die ein akustisches Signal, zum Beispiel das Knallen einer Autotür, vom Entstehungsort zu den Ohren braucht, vermittelt uns Informationen darüber, wo das Auto steht.

Das Ohr ist ein Navigations- und Warninstrument.

Insbesondere zur Wahrnehmung von Geräuschen *hinter* dem Körper leisten die Ohren einen entscheidenden Beitrag. Vor dem Körper ist das Sehen die bessere Informationsquelle. Zur Identifikation eines leisen, kurzen Geräusches richten wir sofort ein Ohr auf den vermeintlichen Ort, um „schärfer“ hören zu können – ähnlich wie beim einäugigen Sehen, wenn wir uns auf etwas Kleines konzentrieren.

Bild 17: (Geräusche hinter dem Körper) Kopf, Oberkörper drehen sich nach hinten

In einem meiner Lieblingscafés in Frankfurt gibt es eine Bedienung, die es immer schafft, sich von hinten an die Gäste anzuschleichen und dann ziemlich laut zu fragen: „Was darf's denn bei Ihnen sein?" Gestern war es wieder so weit, der Gast, der nur noch zahlen wollte, nahm eben einen Schluck seiner Schokolade und zuckte vor Schreck so zusammen, dass er den Rest auf seine Hose schüttete. Laute Geräusche hinter unserem Rücken sind biologisch sehr bedrohlich.

Und noch ein Beispiel dazu: An der Universität Freiburg gab es einen Test. Die Studierenden sollten in der Fußgängerzone für einen guten Zweck sammeln, aber sie sollten die Passanten von hinten ansprechen. Eine andere Gruppe ging von vorn auf die Fußgänger zu. Es ist nicht schwer zu erraten, welche Gruppe erheblich mehr bekommen hat, natürlich die, die ihre „Opfer“ nicht erst erschreckt hat. Denn wer verärgert ist, spendet nicht. Bei beiden Beispielen liegt die Geräuschquelle dicht hinter den Personen, was Gefahr bedeutet und Fluchtreflexe auslöst. Das „Opfer“ ist für kurze Zeit hilflos. Es gibt sadistische Vorgesetzte und leider auch solche Lehrer, die sich von hinten anschleichen und Spaß haben, anderen einen Schreck einzujagen.

Wir hatten jetzt über Geräusche unmittelbar hinter dem Körper gesprochen. Wenn sie weiter weg liegen, drehen wir uns erst mal um, ohne in Panik zu geraten. Denn noch ist ja Zeit, im Ernstfall wegzukommen. Unser Warnsystem Ohr schlägt noch keinen Alarm, sondern liefert die Orientierung für weiteres Verhalten.

Beim aufmerksamen Zuhören „leihen“ wir jemandem ein Ohr, d. h., wir wenden ihm ein Ohr zu. Wir sind dann ganz Ohr, wenn wir mit den Händen die Ohrmuscheln zur Schallquelle biegen, unsere ganze Konzentration ist auf das Hören gerichtet. Interessiert uns die Mitteilung weniger, geht sie zu einem Ohr hinein, zum anderen hinaus. In diesem Fall schweift der Blick umher und ist nicht auf den Sprechenden konzentriert.

Wenn wir „unseren Ohren nicht trauen“, wenden wir leicht den Kopf. Damit verbessern wir die Wahrnehmung und richten ein Ohr auf die Schallquelle aus. Dazu sind beim

Menschen Kopfbewegungen nötig. Und das bedeutet, dass Kopfwendungen nicht nur, aber zum großen Teil durch die Ausrichtung des Gehörs ausgelöst werden.

Ein wichtiger Anreiz, wie wir uns verhalten, liegt natürlich in der Lautstärke des Geräuschs. Zu lauter Lärm verursacht Schmerzempfindungen mit der Folge, dass wir alle Gesichtssinnesorgane verschließen und uns die Ohren zuhalten. Ähnlich wie bei einem Lichtblitz oder einem extrem unangenehmen Geschmack.

Das Gehör hat wie die übrigen Sinnesorgane auch „Verschlussmechanismen".

Probieren Sie doch mal Folgendes aus:

<u>Übung:</u>

Setzen Sie sich aufrecht an ein offenes Fenster mit Autolärm oder drehen Sie einen Wasserhahn auf. Dann schließen Sie die Augen und konzentrieren sich zunächst darauf, was Sie alles hören können. Versuchen Sie nicht, etwas Besonderes hören zu wollen.

Nach etwa einer Minute kneifen Sie plötzlich und mit aller Kraft das Gesicht so zusammen, als hätten Sie etwas abscheulich Bitteres im Mund. Achten Sie sofort auf Ihr Gehör, wie sich die Geräuschvielfalt ändert. – Achtung: Sobald die Anspannung im Gesicht nachlässt, verschwindet der Effekt!

Wiederholen Sie die Einstimmung zu der Übung. Nach etwa zwei Minuten reißen Sie Mund, Nase, Augen ...(!) auf, so als ob Sie fürchterlich erschreckten. Achten Sie nun auch wieder auf die Geräuschvielfalt.

Wechseln Sie ein paarmal zwischen beiden Varianten.

Bei dieser kleinen Demonstration verändert sich die Höhe des Geräuschs. Kneift man das Gesicht zusammen, scheint es höher zu sein. Sperrt man alle Sinnesorgane auf, wird der Geräuschpegel tiefer. Mit anderen Worten: Wir sind in der Lage, ähnlich wie Augen, Nase oder Mund auch die Ohren zu verschließen. Ob dies eine entwicklungsgeschichtliche

Bedeutung oder aber nur physisch durch die Anspannung der Gesichtsmuskeln verursacht wird, vermag ich nicht einzuschätzen.

Hier zeigt sich bereits eine Besonderheit, die sich konsequent durch alle Teile der Körpersprache fortsetzt: dass sich lokale Körperausdrücke in andere Körperbereiche im Sinne einer Ergänzung oder Verstärkung übertragen. Wenn wir also die Augen aufreißen, wird dies von den Nasenflügeln und oft vom Mund unterstützt. Oder wenn wir ausladende Gesten brauchen, zum Beispiel auf der Bühne, stellen wir uns aufrecht hin, der Rücken muss dann mehr Spannung haben, um die Arme zu halten.

Als Regel finden wir dabei, dass zum Beispiel ein mimischer Gesamtausdruck durch das Sinnesorgan ausgelöst wird, das die maßgebliche Sinneswahrnehmung empfängt oder empfangen hat. Wenn wir einen delikaten Essensduft wahrnehmen, atmen wir tiefer ein. Und wenn dieser Duft stärker wird, weil wir gleich in der Küche sind, dann breitet sich der Ausdruck über die Muskulatur zunächst in angrenzende Bereiche, später auf den ganzen Körper aus. Ein wunderbares Beispiel sind Kleinkinder, wenn es ums Lieblingsessen geht, der ganze Körper zappelt vor Ungeduld, endlich in den Genuss zu kommen.

Optimale Eindeutigkeit

Wie arbeiten aber die einzelnen Elemente der Mimik zusammen? Wie entstehen die Gesichtsausdrücke, die wir genau deuten müssen, um an die Emotionen unserer Gesprächspartner zu kommen, um zu wissen, was sie wirklich denken?

Nachdem es schon einen erheblichen Formulierungsaufwand bedeutete, die Ausdrucks*elemente* zu beschreiben, ist es unmöglich, alle mimischen Kombinationen zu beschreiben oder die individuellen Modifikationen und die körperlichen Begleitausdrücke zu berücksichtigen. Deshalb möchte ich mich auf einige typische Ausdrucksbeispiele beschränken und versuchen, daraus Methodik und Repertoire der Mimik abzuleiten.

Unsere Sinne arbeiten immer in drei Stufen:

1. Was sehen, hören, riechen, schmecken wir? Damit ist der jeweilige Empfangskanal Augen, Ohren, Nase, Mund beschäftigt.
2. Dann wird genauer bestimmt: groß, klein, warm, laut usw.
3. Und im letzten Schritt geht es um die Qualität: will ich, will ich nicht, angenehm, unangenehm usw.

Beispiel 1: staunen

In Avignon, auf dem Platz vor dem Theater gibt es ein schönes, altes Karussell.

Die Kinder bearbeiten ihre Eltern, damit fahren zu dürfen. Ein kleiner Junge von vielleicht drei Jahren steht davor und schaut mit großen Augen auf die bunten Figuren. Der Mund geht auf, die Stirn ist angestrengt nach oben gezogen, dann geht er sogar auf die Zehenspitzen. Er hat alles um sich herum vergessen und staunt nur. Das Staunen hat den ganzen Körper erfasst, offenbar kennt er so etwas noch nicht.

Staunen hat immer damit zu tun, dass unsere Erwartung und Erfahrung übertroffen werden. Wir sehen etwas, was wir nicht fassen können, was wir in solchen Ausmaßen noch nie gesehen haben. Deshalb *müssen* dabei die Augen größer werden, die Stirn geht nach oben und vergrößert das Sichtfeld.

Wenn Sie zum ersten Mal in Ihrem Leben einen Kugelfisch sehen, haben Sie bisher dazu keine passende Erfahrung sammeln können. Dann versuchen wir, mehr über dieses Tier, das „Reizsignal" zu erfahren, die Augen weiten sich, das ist ein kleines Staunen. Etwas überaus Großes dagegen wirkt auf den Menschen bedrohlich – Sie stehen zum ersten Mal vor einem 2.300 kg schweren Breitmaulnashorn – dann erschrecken wir: Die Augen öffnen sich weit; die Nasenflügel blähen sich, die Nase lässt mehr Luft durch; der Unterkiefer fällt herab, auch der Mund will möglichst viele Eindrücke aufnehmen, obwohl es nichts zu kauen oder schlucken gibt. Wenn Sie jetzt *kurz und heftig* einatmen, haben wir tatsächlich den typischen Ausdruck des Erschreckens. Das Staunen aber wächst langsam mit jedem Atemzug immer in der Einatmungsphase.

Wenn Sie am Fuß des Matterhorns Wanderer und Kletterer beobachten, die nach oben zum Gipfel schauen, kann man gut sehen, dass diese Größe nicht mit den Augen und angehobener Stirn erfasst werden kann. Wir brauchen einen höheren Energieaufwand. An dieser Stelle setzt der Rumpf ein: Der Rücken neigt sich nach hinten, wir strecken den Kopf zielgerichtet vor und legen ihn in den Nacken, wir verändern den Standpunkt, wir beginnen zu gehen – wenn uns das „große Staunen" erfasst.

Aber die Augen-Stirnpartie ist auch beteiligt. Wenn man die Stirn entspannt, sodass die Augen wieder kleiner werden, verliert das Verhalten sofort die Bedeutung „staunen". Das Stauen geht also von den Augen aus.

Beispiel 2: traurig

Trauer beschreibt eine Gemütslage und Emotion, die sich weniger durch Worte als durch den Körperausdruck beschreiben lässt. Warum wirken Militärs bei Trauerfeiern immer deplatziert? Weil sie gelernt haben, in der Öffentlichkeit stramm zu stehen. Das ist dem Anlass nicht angemessen. Die menschliche Reaktion bei einem Begräbnis ist nicht die „stolz geschwellte Brust", sondern zum Trauern gehören die hängenden Schultern.

Die Ursache der Trauer „schmeckt" nicht, das vermitteln die herabhängenden Mundwinkel. Man ist nicht sehr zugänglich für äußere Ablenkung; vielmehr beschäftigt man sich mit den eigenen Gedanken – das jedenfalls besagen Kopfhaltung und die spannungslose oder leicht herabgezogene Augen-Stirnpartie. Der Blick ist nach innen, weniger nach außen gerichtet. Tiefe Trauer setzt sich in den Körper fort: hängender Kopf, hängende Schultern, zusammensinken im Sitzen.

Varianten aus der gleichen Grundstimmung schlagen sich in feinen, aber deutlich sichtbaren Unterschieden in der Augen-Stirnpartie nieder:

- sorgenvoll: durch angehobene Augenbrauen;
- schmerzlich: durch Zusammenziehen der Augenbrauen an der Nasenwurzel.

Versucht man nun, Trauer *ohne* mimische Elemente auszudrücken, findet man keine eindeutigen Ausdrucksformen. Der hängende Kopf, der gebeugte Rücken können auf Resignation oder Lustlosigkeit hindeuten. Andererseits sind wir mit den mimischen Ausdrucksmitteln nicht in der Lage, den Unterschied zwischen einem gotischen und einem romanischen Fenster zu demonstrieren. Auch das Einfädeln eines Fadens oder die Richtungen vorne und hinten können wir nicht eindeutig darstellen. Dabei geht es nicht um Emotionen, sondern um Gegenstände, Raumpunkte, Handlungen. Solchen Ausdrücken können wir mimisch nur die Bewertung des Vorgangs, die damit verbundenen Stimmungen oder Emotionen hinzufügen.

Eine Besonderheit ist die Fähigkeit, mit der Nase ‚dort vorn‘ und durch Zurückwerfen des Kopfes ‚dort hinten‘

anzeigen zu können. Wenn wir aber ‚vorn' und ‚hinten' so zeigen, dann nehmen wir eine kritische Distanz zu den Dingen und Personen oder zu den Ereignissen ein, die sich dort befinden beziehungsweise abspielen.

Wenn alle Elemente der Mimik dasselbe Gefühl ausdrücken, ist es ehrlich.

Natürliche Mimik braucht man, wie die übrigen Körperausdrücke, nicht zu erlernen, man hat sie. Sie entsteht aus dem Gebrauch der Sinnesorgane.

Die bisherige Klassifizierung der Mimik als Ausdruck für Gefühle, Emotionen oder als „Spiegel der Seele" muss insofern korrigiert werden, als sie eine Vielzahl von ganz konkreten, präzisen und klassifizierbaren Ausdrucksinhalten vermittelt. Die einzelnen Gesichtsbereiche unterscheiden sich deutlich in ihrem Aussagevermögen. Erst wenn sie zusammenspielen und übereinstimmen, ist die Empfindung echt.

Das Ausdrucksrepertoire enthält Aussagen über gedankliche Tätigkeit, Erfahrungsschatz, Gewichtung von Inhalten, Zuordnung, Bewertung und Beurteilung. Sie drückt damit alles aus, was mit individuellen Wertungen zusammenhängt. Sie tut das sehr präzise und eindeutig, denn kein Segment der Mimik kann denselben Bereich ausdrücken wie ein anderes. Die inneren Auslösemechanismen ergeben sich aus sensorischen Erfahrungen und erworbenem Wissen. Mimischer Ausdruck entsteht, indem die empfangenen Reize im Gehirn in Gesichtsausdruck verwandelt werden. Das bedeutet aber letzten Endes, dass das Ausdrucksrepertoire identisch ist mit dem „Wahrnehmungsrepertoire". Das bedeutet, dass wir nur ausdrücken können, was wir auch mit unseren Sinnen erfahren haben.

Dort, wo eine mimische Reaktion entsteht, wird über die Grundaussage entschieden. Wenn Sie zum Beispiel Sauerkirschen gekauft haben, aber die süßen wollten, dann verzieht sich zuerst der Mund. Der Entstehungsort eines Ausdrucks, das *auslösende* Ausdruckselement, prägt das Gesicht und damit den Gesamteindruck aus Sicht des Beobachters. Wer in saure Kirschen beißt, verzieht den Mund, verschließt ihn. Man kann in diesem Beispiel den Mund deshalb als *notwendiges* Ausdruckselement bezeichnen. Da die übrigen Körperbereiche diesen Ausdruck nur ergänzen oder verstärken, ihn aber selbst nicht darstellen können, artikulieren sie nur *hinreichende* Aussagen. Das sind in unserem Fall – bei „zu sauer" – die heruntergezogene Stirn und der nach innen gewandte Blick.

Das Pokerface ist, wie wir schon gesagt haben, eines der ungeeignetsten Ausdrucksmittel. Jetzt kennen Sie die volle Tragweite: Es macht misstrauisch, weil es dem Kommunikationspartner keine Rückschlüsse auf persönliche Betroffenheit, Engagement und Bewertung erlaubt. Auf diese Weise wird nur Distanz erzeugt. Die Beurteilung durch den Gesprächspartner reicht von distinguiert, distanziert über hochnäsig, arrogant bis reserviert und unnahbar.

Auch das Dauergrinsen eines Keep-Smiling irritiert und verfälscht Aussagen. Jede festgehaltene Mimik enthält dem Gesprächspartner ganz entscheidende Informationen vor und erschwert damit eine lockere Gesprächsatmosphäre ebenso wie mögliche inhaltliche Anknüpfungen.

Außerdem ist die Bewegung des Gesichts auch hörbar. Damit kommen weitere nonverbale Signale auf den Gesprächspartner zu. Auch diese verschwinden, wenn das Gesicht keinen Ausdruck zeigt. Wir werden noch sehen, wie sich der mimische Ausdruck in die Stimme überträgt.

Mimik sorgt für Eindeutigkeit.

In unserer Zivilisation ist eine zunehmende Reduktion der Mimik festzustellen. Es gibt schon viele Menschen, die die angehobene Stirn beim Staunen nicht mehr halten können. Worüber sollen sie auch staunen, die ganze Welt liegt vor Ihnen im Screenformat: hohe Berge genauso wie Tsunami-Wellen.

Außerdem haben wir immer weniger sinnliche Eindrücke in unserer Berufs- und Freizeitwelt. Viele Kinder wissen nicht mehr, wie ein Wald riecht, wie Wiesenkräuter schmecken, wie eine Eule ruft.

Ein Übriges tun dann noch pädagogische Maßnahmen, die

- der *Kritik an Schwächen* den Vorrang vor der *Akzeptanz von Schwächen* geben und
- die spontanen – und daher unreflektierten – Beurteilungen als unzulässige Vorurteile verbieten.

Damit räumen wir unserem Intellekt das Vorrecht in der Wahrnehmung unserer Umwelt ein. Gefühle, Stimmungen können nicht mehr ausgelebt werden, wenn das Wort den einzig verbindlichen Kommunikationskanal darstellt. Die Folge: Der Mensch „verkopft", er geht in sich, die Wirklichkeit findet nur noch in den Gehirnen statt. Kommunikation reduziert sich dann auf Telefongespräche unter Live-Bedingungen – und wir verstehen unseren Partner nur noch in seinen Überlegungen, nicht mehr in seiner körperlichen Wirklichkeit. Auch unsere schöne Internetwelt mit ihren vielen Bildern ist ein reines Verstandesprodukt. Die Abbilder sind nicht die erfahrbare und erlebbare Realität.

In dem Maß, wie wir das Gefühl, das Verständnis für das Körperliche verlieren, verlieren wir auch die Fähigkeit, uns selbst zu erleben und zu kennen. Damit geht ein Teil der Selbstwahrnehmung und Selbstständigkeit verloren. Und was ich nicht mehr am und im eigenen Körper erfahre, kann ich auch nicht bei anderen deuten.

Wir sind ja noch immer auf der Spurensuche nach Signalen, die hinter den Worten stecken. Damit müssen wir uns ganz auf den Ausdruck des Körpers verlassen, denn dieser ist ein Analoganzeiger, mit Worten dagegen kann man lügen.

> *Praxis-Tipp:*
>
> *Hören Sie nicht nur auf die Inhalte, achten Sie bei allen Gesprächen mehr auf den Ton, die Atmung, das Verhalten, dann wissen Sie genau, was Ihr Gegenüber im Klartext sagen wollte.*

Die Grimasse

Die Grimasse ist ein willkürlich aufgesetzter, meist übertriebener Gesichtsausdruck. Mit gezielten Spannungen, genauer gesagt Muskelspannungen, wird der gewünschte Ausdruck erzeugt.

Wir haben bisher die natürliche Mimik beobachtet. Und in diesem organischen, unbewussten Fall sorgt der Körper für eine Optimierung der Kräfte, d. h., er versucht, größte Wirkung durch kleinen Aufwand zu erreichen. Deshalb werden alle Muskelpartien in ihrer Spannung aufeinander abgestimmt. Jede Teilbewegung der Mimik ist harmonisch auf den Gesichtsausdruck abgestimmt.

Bei der Grimasse aber – oder bei anderen willkürlich angenommenen Körperausdrücken – ist die Anspannung der Muskeln nicht mit den übrigen koordiniert. Es ist die fehlende Abstimmung, die Mehrdeutigkeiten erzeugt und dadurch verrät, dass es sich nicht um einen natürlichen mimischen Ausdruck handeln kann.

Kehren wir noch einmal zum Keep Smiling zurück. Bei genauerer Betrachtung unterscheidet sich Grinsen von einem echten Lächeln dadurch, dass die Muskeln um die Augenhöhlen herum (Wangen, Brauen) keine Spannungen aufweisen. Man sagt dann auch, dass die Augen strahlen. Grimassen dagegen, wie solch ein aufgesetztes Lächeln, machen den Betrachter ärgerlich, weil er spürt, dass der mimische Ausdruck nicht den wirklichen Motiven entspricht. Wir merken, dass man uns etwas vorspielt, dass sich jemand über uns lustig macht. Das verunsichert, weil das auslösende Element nicht „verstanden" werden kann. Also werden wir misstrauisch und versuchen, noch irgendeinen Sinn und Auslöser zu finden, was aber nicht möglich ist. An dieser Stelle ist die Kommunikation beendet.

Bild 18: lächeln

Bild 19: aufgesetztes Grinsen

Grimassen als Motivatoren

Neben diesen nachteiligen Wirkungen haben Grimassen auch einen positiven Effekt: Sie ermöglichen die stimmungsmäßige Selbstmotivation. Wenn Sie eine andere Stimmung erreichen wollen, kann eine Grimasse dazu verhelfen.

Wenn wir uns selbst motivieren wollen, empfehlen Psychologen gern die Autosuggestion. Diese Methode verlangt, dass sich der Betroffene sehr stark auf sich selbst konzentriert und sein Suggestionsziel immer in Gedanken verfolgt. Die Gefahr, dass die Suggestion zusammenbricht, weil man sich gedanklich und körperlich mit etwas anderem befasst, ist sehr groß. Deshalb sind solche Maßnahmen in der Kommunikation nur wenig hilfreich.

Wenn aber die Selbstmotivation über eine Grimasse stattfindet, bleibt der Effekt stabil. Die Methode ist sehr einfach:

Übung:

Setzen Sie eine beliebige Grimasse auf. Meiden Sie jede Form der Suggestion, im Gegenteil: Schauen Sie mit Muße im Raum umher und versuchen Sie etwas zu finden, an dem Sie die Grimasse „aufhängen" können. Das kann ein Lichtfleck-Farbtupfer, ein Gegenstand, eine Form usw. sein. Lassen Sie sich etwa zwei Minuten Zeit. Sie werden mit Sicherheit etwas finden, an dem Sie plötzlich verweilen. Achten Sie darauf, was dann passiert!

Wenn Sie ein Element gefunden haben, an dem Sie die Grimasse fixieren können, weicht die verkrampfte Muskelanspannung sofort einer organischen Spannung, der Gesichtsausdruck wird echt! Aber Ihre Stimmungslage verändert sich nun so, dass sie diesem Gesichtsausdruck entspricht. Haben Sie grimmig umhergeblickt und sind beispielsweise an der Tapetenkante hängen geblieben, dann werden Sie nun grimmig, obwohl Sie nicht unbedingt sagen können, warum. Bisher hatte Sie diese Kante nie gestört – nun wird sie Anlass für einen Stimmungsumschwung. Diese umgestellte Stimmung lässt sich halten, ohne dass man sich darauf im Sinne der Suggestion konzentrieren muss. Sollte die Stimmung wegdriften, dann genügt ein Blick zum „Aufhänger" (im Beispiel die Tapetenkante), und die Stimmung kippt schlagartig wieder in die gewünschte Lage.

Mit etwas Übung ist der äußere Aufhänger überflüssig, man kann Gedanken, Erinnerungen benutzen; es genügt, sich einen Gegenstand vorzustellen, um einen Stimmungsumschwung auszulösen. Die einzige Voraussetzung ist: Man muss die Grimasse aufsetzen! Gelegentlich wirken diese Vorstellungen noch nach Tagen.

Mit der Grimasse nutzt man das Wechselspiel zwischen Reizreaktion und Ausdruck: Man gibt einen Ausdruck vor und sucht nun in der Außenwelt nach einem Reiz, der denselben Ausdruck als Reaktion zur Folge hat. Ist dieser Außenreiz gefunden, reagiert das Sensorsystem im Sinne der Reizreaktion und beeinflusst damit die innere Einstellung. Die Grimasse ermöglicht uns somit eine stimmungsmäßige Motivation.

Das ist sehr praktisch, wenn Sie bei einer aufregenden Aufgabe freundlich lächeln sollen oder wenn Sie bei irrwitzigen Ausführungen eines Kollegen ernst bleiben müssen.

Mit der Grimasse haben wir ein sehr einfaches Mittel zur Selbstmotivation für unsere Stimmung. Dabei ist keine Konzentration, sondern nur Muskelspannung nötig und diese lässt sich bei Bedarf sofort einsetzen. Besonders in Gesprächssituationen, aber auch bei Vorträgen besteht damit die Möglichkeit, die Atmosphäre zu beeinflussen.

Grimassen lösen Selbstmotivation aus und können so die Grundstimmung festlegen.

Mimik und Atmung

Über die Zusammenhänge zwischen Bewegung und Atmung gibt es, theoretisch wie praktisch, umfangreiche Literatur, zum Beispiel in der Sportmedizin. Die Zusammenhänge zwischen M i m i k und Atmung sind dagegen in der Fachliteratur kaum bearbeitet. Wie schon erwähnt, unterscheidet sich das Staunen vom Erschrecken im Wesentlichen durch die Atemphase.

Am Beispiel der Nase hatte sich gezeigt, dass sie sich bei schlechten Gerüchen verschließt. Damit geht eine Änderung der Atmung einher: Wir halten die Luft an, um nicht mehr zu riechen, oder atmen aus und pusten den Gestank weg. Ablehnung, also Dinge, die wir loswerden wollen, verbinden wir mit dem Ausatmen, schlimmstenfalls mit Niesen oder Husten, ebenso Geringschätzung und Missachtung. Sätze wie: „Phhh, was soll denn das sein, das kann ich aber besser!“ zeigen deutlich meine Abwertung einer Person, einer Leistung.

Es gibt noch mehr mimische Vorgänge, die ans Ein- oder Ausatmen gebunden sind. Lachen beispielsweise geht nur mit Ausatmen, ebenso weinen. Schluchzen dagegen ist ein typischer Einatmungsvorgang.

<u>Übung:</u>

Setzen Sie zunächst ein stimmungsmäßig neutrales Gesicht auf (ernst blicken). Versuchen Sie nun, mit dem Beginn des Einatmens zu lächeln. Registrieren Sie Ihre Empfindung am Ende der Einatmungsphase. Wiederholen Sie diese Übung einige Male und beobachten Sie sich dabei in einem Spiegel. Wie überzeugend finden Sie sich?

Beginnen Sie nun noch einmal ernst blickend und starten Sie das Lächeln nun mit der Ausatmung. Wie verändern sich Ihr Selbstempfinden und Ihr Spiegelbild?

Ein offenes Lächeln während des Einatmens aufzubauen, wird zum Krampf. Besonders die Nasen-Wangenpartie und der Augen-Stirnbereich stimmen nicht überein. Der Versuch endet in der Grimasse Grinsen.

Beginnt man mit dem Ausatmen zu lächeln, dann „wächst" der Ausdruck organisch in die gesamte Mimik, ohne dass ein Motiv vorhanden sein muss. Je nach individueller Grundstimmung kann daraus ein gequältes Lächeln oder ein Schmunzeln werden. Man spürt Wohlbefinden und kann den Ausdruck in weiteren Ausatmungsvorgängen bis zum Lachen steigern.

Es gibt enge Wechselbeziehungen zwischen mimischen Ausdrücken und der Atmung. Nur wenn der Gesichtsausdruck zur Ein- oder Ausatmung passt, entsteht der „echte", d. h. glaubwürdige Gesichtsausdruck.

Nur wenn Mimik und Atmung übereinstimmen, ist der Sprechende glaubwürdig.

Bei einem Fachkongress kommt der Vortragende zu spät in den Saal gestürzt. Er beginnt: „Meine Damen und Herrn (heftige Einatmung), ich bin unglaublich froh (hörbare Einatmung), endlich hier bei Ihnen zu sein (Einatmung). Wie schön, dass so viele zum Kongress gekommen sind." Dabei sieht er gar nicht erfreut aus, sondern ist bemüht, seinen hektischen Atemrhythmus zu beruhigen. Das Gesicht wirkt angestrengt und beim letzten Satz entsteht ein Lachen, das wie ein Meckern klingt. Das ist richtig unangenehm für die Zuhörer, denn Atmung steckt an. Später, als er wieder „bei sich" ist, wird der Gesichtsausdruck ruhiger und die Atmung geht tiefer. Jetzt erst gelingt es den Zuhörern, auf seine Inhalte zu achten.

Unsere Atmung wird durch viele Faktoren beeinflusst. Tagsüber, bei sitzender Tätigkeit atmen wir ziemlich flach, wir brauchen ja nicht so viel Sauerstoff. Im Urlaub und bei Entspannung atmen wir tief durch und benutzen das Zwerchfell. Und wenn wir unter Zeitdruck stehen, haben wir eine hektische Atmung mit häufigen und kurzen Einatmungsphasen – das war der Vortragende in unserem Beispiel. Die Flachatmung oder Kurzatmung lassen nur ein geringes Spektrum an mimischen Ausdrücken zu. Ermöglicht die Flachatmung den „Hauch eines Lächelns“, so wird daraus in der Kurzatmung ein hektisches Lachen. Auch das passt wieder zu den Sinneswahrnehmungen in diesen Atemphasen.

Für die Kommunikation ist eine ruhige Tiefatmung die ideale Voraussetzung für souveränes, lockeres Auftreten. Wechselt man von einem Zustand zum Beispiel der Hektik in einen, der Ruhe und Sicherheit erfordert, muss zunächst die Atmung korrigiert werden. Die kürzeste Form, die uns die Natur gegeben hat, ist das Seufzen! Damit werden „Fehlspannungen“ abgebaut und die Voraussetzung für die Tiefatmung geschaffen.

Die Glaubwürdigkeit der Gesichtsausdrücke setzt den Einklang von Mimik und Atmung voraus.

Praxis-Tipp:

Wenn Sie bei einem Gesprächspartner beobachten, dass er lächelt oder lacht, dabei aber die Luft anhält, dann wissen Sie, dass das nur eine Grimasse sein kann, kein echt gemeintes Lachen. Oder wenn Ihnen jemand mit großen Augen, aber starker Ausatmung, fast einem Seufzen erklärt, dass ihn Ihre Ausführungen interessieren, dann wissen Sie, dass das schlicht gelogen ist.

Die Wirkung der Mimik

Die Stimmung eines Kommunikationspartners ist mühelos an seinem Gesicht abzulesen. Im täglichen Umgang miteinander machen wir die Erfahrung, dass sich Stimmungen übertragen, dass sie das Gegenüber und die ganze Situation prägen können.

Die Erfahrung lehrt weiter, dass es wesentlich leichter ist, eine heitere, lockere Stimmungslage zu vermiesen als eine schlechte, traurige Stimmung aufzuheitern.

An einem Gymnasium, in der Oberstufe, hatte der Klassenlehrer einen ganz guten Draht zu seinen Schülern. Sein Ton im Umgang war sachlich, nicht kumpelhaft anbiedernd und vor allem war er ehrlich. Das wurde von der Klasse honoriert; man kam auf Distanz ganz gut zurecht. Im nächsten Schuljahr kam eine neue Klassenlehrerin. Jung, kompetent und begeisterungsfähig. Am Anfang zählte – vor allem bei den Jungs – noch, dass sie jung und hübsch war. Aber schon nach etwa einem Monat gab es Blockaden und Widerstand. Morgens rauschte sie dynamisch ins Klassenzimmer: „Einen wunderschönen guten Morgen!“, sagte sie laut und mit einer echten Fröhlichkeit, die offenbar zu ihrem Naturell gehörte. Das war das volle Gegenprogramm zur noch schlafenden Klasse, und an dieser Stelle eine glatte Überforderung. Entsprechend war die Resonanz gering und ablehnend. Und so ging das auch während des Unterrichts weiter. Die Lehrerin begeisterte sich für ein Thema und sprach engagiert mit viel Mimik und Melodiewechsel über ein Gebiet der Biologie. Aber die fehlende Resonanz irritierte sie so, dass sie immer ruhiger wurde. Nach und nach stellte die Lehrerin ihr Verhalten um und sprach in leicht beleidigtem Ton nur noch betont sachlich über ihre Themen.

Hier hat eine schlechte Stimmung die heitere Gemütslage verdrängt. Warum geht das so leicht? Die Gründe dafür sind in der extrovertierten Orientierung zu finden: Eine heitere, lockere, fröhliche Stimmung strahlt nach außen und braucht ein Echo.

Die schlechte Stimmung dagegen geht mit einer deutlich introvertierten Haltung der Person einher: Sie bezieht alles auf sich und ist schwer zugänglich. Deshalb fällt es ihr wesentlich leichter, stimmungsmäßig stabil zu bleiben.

Einen griesgrämigen Menschen angrinsen oder gar mit Faxen zum Lachen bringen zu wollen, geht nicht und führt meist noch zu der vorwurfsvollen Frage: „Was gibt's denn da zu grinsen?" Eine mitleidsvolle Ansprache dagegen führt rasch dazu, dass man selbst „ergriffen" wird und die gute Stimmung verliert. Die gegenseitige Beeinflussung ist weder eine Frage des sprachlichen Inhalts noch eine Frage der Zeit. Die Reaktionen spielen sich innerhalb weniger Sekunden ab!

Versetzen Sie sich in die Situation, dass Sie übel gelaunt sind und in ein lachendes Gesicht blicken: Sofern Sie nicht aufgeheitert werden *wollen*, wird Ihre Laune schlechter!

Die kontroverse Stimmungslage des Partners ist *sichtbar*, aber nicht in ihrer Ursache *erkennbar*. ‚Vielleicht macht er sich über mich lustig; ihm geht's gut und ich bin ein armer Teufel.' Wie haben wir oben gesagt, der Miesepetrige bezieht alles auf sich. Es gibt absolut keinen Grund für ihn, die eigene Motivation – sprich: Stimmungslage – aufzugeben. Wenn Ihr Gegenüber unbedingt das Lächeln aufrechterhalten will, wird es zu einem Grinsen. Das führt zu Verkrampfungen und damit ist es wirkungslos, denn jeder sieht, dass das nicht echt ist.

In einem Frankfurter Sportverein gab es einen richtig harten Trainer, der auch noch glaubte, mit einem miesen Gesichtsausdruck seine Autorität erhöhen zu können. Das hat nicht gewirkt, er verbreitete nur schlechte Laune. Ein Spieler aus seiner Mannschaft schaffte es aber immer, ihm wenigstens einen Hauch von Lächeln zu entlocken. Die ganze Mannschaft spottete schon über den „Gut-Wetter-Macher". Aber niemand wusste, wie es funktionierte, auch der betroffene Spieler nicht. In der Videoaufzeichnung einer Strategiebesprechung war es dann zu sehen. Dieser Spieler konfrontierte seinen Trainer nicht mit übertriebener Freundlichkeit, sondern er schaute ihn ganz konzentriert und interessiert an. Später streute er ab und zu ein ganz kleines Lächeln ein. Diese Phasen nahmen zu und irgendwann lächelte auch der Trainer.

Der Spieler hatte instinktiv einiges richtig gemacht. Zunächst einmal darf die Kontroverse nicht auf Anhieb sichtbar werden. Der Heitere braucht für seine Stimmung nicht unbedingt das lächelnde Gesicht. Er bleibt innerlich auch dann noch heiter, wenn er ernst blickt. Äußerlich wird er damit aber dem Ausdruck des Griesgrams ähnlich; es scheint „auf den ersten Blick“ keine Stimmungsunterschiede zu geben. Das erleichtert es dem Griesgram, sich zu öffnen. Der Heitere muss nur genau beobachten, wie sein Gegenüber reagiert. Und dann lässt er ganz langsam seine Heiterkeit auf seinem Gesicht erkennen. Alle Versuche zeigen, dass dann kein Griesgram widerstehen kann – solange er den Blickkontakt hält, versteht sich.

Das bedeutet: Der Extrovertierte, Heitere muss den introvertierten Kommunikationspartner „abholen“. Die sichtbare Kontroverse aber führt zum Zweikampf, in dem der Heitere auf der Strecke bleibt, weil die nötige Resonanz fehlt.

Eine heitere Stimmung zu verbreiten, erfordert mimisches Abholen.

Spurensuche detektivisch genau

Das Ganze zählt: Die Gebärde

Die Gebärde ist das Zusammenspiel aller bisher beschriebenen Ausdrucksrepertoires. Daraus lassen sich innere Antriebe erkennen.

Definiert man die Gebärde als das Zusammenwirken der einzelnen Ausdrucksrepertoires, lassen sich Bedeutung und Ursachen aus den Teilsprachen des Körpers und ihren Ausdruckselementen zusammensetzen. Dabei fällt ein weiterer Sachverhalt auf:

Die Ausdruckskraft der mimischen Elemente ist begrenzt. Sie arbeiten mit geringer Energie. Muss aber eine größere Energie bereitgestellt werden, wenn zum Beispiel der innere Antrieb sehr stark ist, treten Rumpf und Beine in Aktion, wie wir schon am Beispiel des Staunens erfahren haben: Sie verstärken den emotionalen Ausdruck.

Der Körper wirkt wie eine Batterie, wie ein kleines Kraftwerk. Ist seine Energie verbraucht, leidet auch die Ausdruckskraft der Körpersprachen. Das kennen Sie: Am Feierabend, bei Müdigkeit und Erschöpfung fällt es grundsätzlich schwer, positive, nachdrücklich spannende Ausdrucksformen zu erzeugen. Man kann sich dazu einfach nicht aufraffen. Das gilt auch bei tiefer Trauer, dann sind wir wie gelähmt.

Wenn Sie wissen wollen, was in einem Kollegen vorgeht, dann setzen Sie sich genauso hin, passen Sie Ihren Gesichtsausdruck an. Und schon können Sie spüren, wie er sich fühlt. Wenn er übertrieben aufrecht sitzt, das Kinn angehoben und mit herausforderndem Blick, dann spüren Sie sofort beim Nachahmen, dass er sich einen Panzer angelegt hat, aus Angst, angegriffen zu werden. Die Brustpartie ist fest und unbeweglich, das angehobene Kinn lässt ihn die Lage „von oben herab" genauer beobachten und der herausfordernde Blick soll abschrecken.

Oder wenn Sie einen Gast in der Talk-Runde in seinem Sessel hängen sehen, etwa in Liegestuhlhaltung, den Kopf auf der Sessellehne, die Beine weit von sich gestreckt, dann sieht das zunächst bequem und locker aus – für die Situation etwas zu locker. Wenn Sie das imitieren, dann erfahren Sie, wie sich diese Person gerade in ihrem Körper fühlen muss. Und da fällt Ihnen auf, dass es in einer Gesprächsrunde nicht gerade sinnvoll ist, die Mitdiskutanten nur von unten zu sehen. Und für den Rücken ist es keineswegs bequem. Also ist diese Haltung eine Pose, eine Demonstration: Ich tu so, als ob ich locker wäre. Und in dieser Haltung können Sie versuchen, auf den – jetzt zu hohen – Armlehnen Gesten zu machen. Nur die Hände, höchstens die Unterarme werden angehoben. Und sie fallen immer schnell nach unten, weil der Rücken keine Spannung hat. Diese fallenden Gesten sagen: Es interessiert mich alles nicht. Sie sind auch Ausdruck der Resignation: Da kann man doch nichts machen. Ein Mensch ohne jede Spannung in einer Talk-

Runde kann auch keine entscheidenden Beiträge liefern. Der Körper ist ja schon abgelegt und das Gehirn bereitet sich auch auf Ruhe vor.

Das Imitieren von Gebärden versetzt uns in die Lage, ganz gezielt die Ursachen für beobachtete Körperausdrücke nachempfinden zu können. Die Imitation ist folglich eine Art Grimasse für den ganzen Körper: Man nimmt eine willkürliche oder beobachtete Gebärde an und registriert am eigenen Körper durch Muskelspannungen, Bewegungsbeeinträchtigungen, Spielraum usw., welche körperlich-seelischen Voraussetzungen erfüllt sein müssen, damit eine solche Gebärde erscheinen kann.

Durch Imitieren einer Gebärde können Sie die emotionale Verfassung des Anderen nachempfinden.

Dazu ein Beispiel, das Sie schon kennen: schreiten und latschen. In beiden Fällen spüren wir ein unterschiedliches Gewichtsempfinden. Beim Latschen, dem schweren Gang, ist der Kopf gesenkt und der Blick uninteressiert. Die Muskelspannung im ganzen Körper ist gering, entsprechend wenig nehmen wir von außen wahr. Beim Schreiten dagegen, wenn sie es nachmachen, haben Sie eine aufrechte Haltung, fühlen sich leicht, der Nacken ist gestreckt, Kopf oben, die Menge der wahrgenommenen Informationen ist viel höher. Wenn Sie das imitieren wollen, wissen Sie sofort, dass Sie mehr Spannung in den Muskeln brauchen. Die Gemütsverfassung wird dynamischer und wacher.

Und immer, wenn Sie eine der beiden Gebärden imitieren, haben Sie dieselben Empfindungen. Egal, ob Sie einen müden Fischer am Hafen imitieren oder einen Prominenten auf dem roten Teppich. Sie fühlen jeweils die Grundstimmung, die jetzt in dieser Person stecken muss.

Wenn sich Menschen mit Gesichtsmasken (egal, ob Larven oder geschminkte Masken) im Spiegel sehen, verändern sie binnen Sekunden Gebärden und Haltungen derart, dass sie zu den Masken passen! Probieren Sie es aus: Mit einer lächelnden Maske werden Sie sich leicht und elegant bewegen, mit einer grimmigen Waldschratmaske werden Sie auch dessen Haltung annehmen.

Ausdrücke lassen sich beliebig komponieren. Und wenn Sie imitieren, stellt sich der Körper immer so darauf ein, dass die per Zufall ausgewählten Elemente zum Bestandteil eines organischen Ausdrucks werden. Durch Imitationen und Nachempfinden sind wir in der Lage, die Ursachen der beobachteten Verhaltensweisen in uns auszulösen.

Abgesehen von Rollenspielen liegt der Nutzeffekt überwiegend im Bereich des „Besser-Verstehen-Könnens“, besonders in Fällen, bei denen wir auf ungewohnte oder unübliche Verhaltensweisen stoßen.

Praxis-Tipp:

Imitieren Sie Ihren Chef – und Sie werden spüren, welche Antriebe sein Verhalten prägen!

Summary Teil 1

Der Körper drückt aus, was wir empfinden. Jeder Körperteil hat seine eigene Sprache und eigene Möglichkeiten, etwas zu „sagen“. Wenn wir die Summe all dieser nonverbalen Ausdruckskanäle kombinieren, können wir die wahren Absichten unseres Gegenübers hinter den Worten erkennen.

Jetzt fehlt noch ein weiteres nonverbales Mittel, mit dem jeder präzise sendet, was nur zwischen den Zeilen steht: der Ton. Er ist weitgehend von unserem Körper abhängig, von der Körperspannung, von der Haltung und von den Bewegungen. Also hat jeder Ton auch seine eigene Körpersprache. Das werden wir uns jetzt im zweiten Teil des Buches genauer ansehen. Dies ist das Feintuning zum Verstehen von Körpersprachen, der sichere Entschlüsselungscode.

Teil 2

… aber der Ton!

Zwischentöne verstehen

Lüge oder Wahrheit?

Körpersprache und Inhalt

Wir haben im ersten Teil schon einen guten Einblick gewonnen, was das körperliche Verhalten für die Eindeutigkeit in der Kommunikation bedeutet. Jetzt fehlt noch der verbale Bereich. Passt es zusammen, was jemand sagt und wie er sich verhält? Was unsere Mitmenschen wirklich bewegt, lässt sich oft hinter Worten verbergen, aber nicht in der Körpersprache und im Ton. Diese nonverbalen Anzeigen sind analog „abzulesen"; das wissen wir schon aus der Grunderkenntnis am Anfang: „Körpersprachen lügen nicht." Worte dagegen sind eine Art Verschlüsselung durch Zeichen. Ich kann einen Betrunkenen ganz unterschiedlich bezeichnen: besäuselt, beschwipst, besoffen, breit, Hacke zu, angetrunken, knülle, beduselt usw. Das Wort, das ich wähle, macht die Sache schlimmer oder harmloser.

Wie im ersten Teil gezeigt, spiegeln die Körpersprachen unsere Vorstellungen und gedankliche und emotionale Prozesse wider. Wenn ich der Überzeugung bin, dass der Betroffene tatsächlich Hacke zu war und ich sage, er hatte einen Schwips, dann muss ich aufpassen, was meine Körpersprache sagt. Vielleicht zeige ich mit Kopf und Schultern das Schwanken oder die Augen starren ins Leere. Werden in einer verbalen Äußerung bewusst körperliche

Regungen, also Bewegungs- oder Ausdrucksimpulse unterdrückt, dann

- leidet der Sprechfluss, ich füge „Ähhs“ und Pausen ein;
- leidet der logische und der chronologische Ablauf, ich komme in meiner Geschichte durcheinander;
- ist die Schlüssigkeit der Bilder – auch für den Sprechenden – nicht mehr gewährleistet, ich sehe ja ein anderes Bild als ich meinen Zuhörern zeigen möchte.

Meine ehrliche Einschätzung kann ich nonverbal nicht unterdrücken – nur mit Worten schönreden.

So wie wir im Alltag sprechen, mit Gestik, Mimik, Körperhaltung, ist klar, dass wir genaue Vorstellungen oder Bilder vom Gesagten haben müssen. Sonst wird das, wie Sie schon aus Teil 1 wissen, zum Beispiel mit den Gesten nichts. Um genaue Bilder zu haben, muss der Sprechende das Geschilderte erlebt haben.

Voraussetzung für eine stimmige Aussage ist also die eigene Erfahrung und davon abgeleitet die genaue Vorstellung vom Gesagten.

Und gerade das ist die Falle für Lügner, wie wir schon aus dem Kapitel über Gestik wissen. Ein Kollege erzählte in der Mittagspause, dass er jedes Jahr in eine der Wüsten fahre, um Sterne zu beobachten. Letztes Jahr war er mit vier Freunden in der Sahara. „Wir schlafen immer im Zelt. Wenn es dunkel wird, liegen wir davor und es ist nichts schöner, als sich auf der Matte auszustrecken und den Sternenhimmel anzuschauen. Die Sterne sind wie an Fäden aufgehängt, sie sind ganz plastisch und gut zu sehen. Tagsüber recherchieren wir die Konstellationen, die man nachts sehen kann.“

Die Körpersprache zu dieser Schilderung war zeitversetzt, die passende Geste, Mimik, Haltung kam immer etwas zu spät. Deshalb waren wir alle etwas verwirrt. Als er über das Ausstrecken auf der Matte sprach, kam eine großzügige Bewegung für ein großes Zelt. Die Sterne, die „wie an Fäden aufgehängt sind“, begleitete er mit dem Hochrecken der Arme und einem kräftigen Ausatmen (Ausstrecken auf der Matte). Bei der Recherche nach Sternkonstellationen kam dann die Geste für das plastische Sehen: Ein Arm ging hoch, der Blick nach oben. So recherchiert niemand, deshalb waren wir so abgelenkt, dass wir den Sinn seines Berichts nicht genau verstanden. Das beweist wieder, dass wir erst mal auf die Körpersprache achten, dann auf den Wortinhalt.

Wenn jemand im Moment etwas erfindet, fantasiert, zusammenlügt, erkennen Sie es entweder an einer sehr zurückgenommenen Körpersprache oder daran, dass die passende Gebärde (Gesten, Mimik, Haltung, Atmung etc.) zu spät oder zu früh kommt, also asynchron auftaucht. Das haben wir schon im ersten Teil im Kapitel über Gestik besprochen.

Wir können zwei typische Fälle unterscheiden:

1. Die Geste wird zur Vorgabe für den nächsten Satz. Der Sprechende vermittelt zuerst eine körperliche Erfahrung. Daraus entsteht eine Vorstellung, die sprachlich umgesetzt wird. Dies hat einen zeitlichen Versatz zur Folge. Die gestisch-mimischen Ausdrücke erscheinen um einen winzigen, aber registrierbaren Zeitraum früher als die entsprechenden verbalen Formulierungen.
2. Die Idee wird zur Vorgabe für eine begleitende Geste. Weil die Vorstellung, das Gedankenbild, erst erfunden werden muss, bevor sie in Körperausdruck umgesetzt werden kann, folgt die Geste den Worten mit einem deutlichen Verzug.

So war das bei unserem Kollegen, der noch nie in der Wüste Sterne beobachtet hatte, dies aber schon länger plante.

Diese leicht zu demonstrierenden Zusammenhänge haben bestimmte Ursachen und Wechselwirkungen. Ich beginne mit einer sehr festen Koppelung zwischen Sprechen und Körperausdruck: den Wechselwirkungen zwischen Stimme und Mimik.

Ich höre, wie Sie gucken

Stimme und Mimik

Sicher kennen Sie den folgenden Effekt aus eigener Erfahrung: Sie lauschen einer Person, die mit belegter Stimme spricht, dem sogenannten „Frosch im Hals“. Obwohl Sie gar nicht sprechen und Ihre Stimme sich in bester Form befindet, räuspern Sie sich nach einer Weile. Es kommt sogar vor, dass man als Zuhörer ein Kratzen im Halse verspürt oder dass es einem die Kehle zuzuschnüren scheint.

Der akustische Effekt löst beim Zuhörer eine Reaktion aus, die bei ihm selbst keine Ursache hat. Folglich muss die Stimme neben dem Inhalt auch eine Befindlichkeit des Sprechers vermitteln, die vom Empfänger wahrgenommen und in diesem Fall korrigiert wird. Hier überträgt sich also die Befindlichkeit über den Ton.

Zur Demonstration, dass es zwanghafte Zusammenhänge zwischen dem Gesichtsausdruck und der Stimmmelodie gibt, ein kleiner Test.

Test 1:
Verziehen Sie Ihr Gesicht zu einem breiten Grinsen. Brabbeln Sie nun vor sich hin. Achten Sie dabei auf die Farbe und Tonlage Ihrer Stimme.

Test 2:
Ziehen Sie nun die Mundwinkel griesgrämig herunter, blicken Sie düster drein. Brabbeln Sie, wie in Test 1, vor sich hin. Achten Sie auf die Farbe und Tonlage Ihrer Stimme.

Test 3:
Wiederholen Sie das Grinsen, senken Sie Ihre Stimme deutlich ab!

Wiederholen Sie den griesgrämigen Gesichtsausdruck, heben Sie Ihre Stimme dabei deutlich an!

Sie staunen sicher bei Test 3, wie anstrengend es ist, die Stimme dem jeweils falschen Gesichtsausdruck anzupassen. Wenn wir in diesen Tests konkrete Sätze sprechen, wird unser Ton vom Zuhörer im Fall 3, wenn Mimik und Ton nicht zueinander passen, als „unnatürlich“ empfunden: Wir erwecken den Anschein, als imitierten, persiflierten wir eine Person. Ganz einfach: Wir sind unglaubwürdig!

Offenbar gibt es sehr enge Beziehungen zwischen dem Gesichtsausdruck und der Sprechmelodie, der Modulation.

Diese Beziehungen sind nicht allein durch die Verformung der Schallräume zu erklären; denn Anhebungen und Absenkungen der Stimme sind Effekte, die mit den Stimmbändern erzeugt werden. Wenn die normalen Wechselbeziehungen nicht eingehalten werden, kommt es zu Missverständnissen.

„Das glaub ich meinem Chef einfach nicht, dass er mich wirklich befördern will", sagte meine Freundin. „Wenn er meine Arbeit lobt, klingt das immer so gelangweilt, wie eine Pflichtübung. Dabei hat er sein typisches Pokerface aufgesetzt. Also aus dem werd' ich nicht schlau." Ein Lob mit Pokerface ist eine sachliche Feststellung, keine erfreuliche Tatsache, also nicht ehrlich.

Man kann unsere Tests in einer Umkehrung anwenden: Ein Sprecher liest hinter einer Pinnwand, also für die Zuhörer unsichtbar, einen Text vor, mehrmals identische Abschnitte hintereinander; der Inhalt des Textes spielt keine Rolle. Verändert wird alleine der Gesichtsausdruck: Einmal muss er den Text mit einem andauernden Grinsen, ein anderes Mal mit griesgrämig herabgezogenen Mundwinkeln, ein drittes Mal mit gerümpfter Nase und ein viertes Mal mit völlig normalen, entspannten Gesichtszügen vorlesen. Die Reihenfolge ist ohne Bedeutung. Anschließend werden die Zuhörer um eine Beurteilung gebeten, welche Unterschiede sie bei den Präsentationen gehört haben.

Natürlich kann man keine identischen Beurteilungen erwarten. Was in der Regel an Eindrücken geäußert wird, lässt sich aber in etwa so kategorisieren:

grinsend	wird als „heiter, fröhlich, angespannt, breit“ bezeichnet
griesgrämig	bedeutet „nicht begeistert, traurig, bedrückt, dumpf, brummelnd“
gerümpfte Nase	ist „näselnd, pikiert, distanziert“
normal	gilt als „entspannt, normal, locker, authentisch“

Diese Beurteilungen, die nur von einem akustischen Signal ausgelöst wurden, wären nicht halb so aufregend, wenn die Zuhörer bei der Formulierung der Eindrücke nicht genau dieselben Grimassen schnitten, wie sie der Vorleser in der entsprechenden Situation hatte. Häufig stimmt dieser mimische Ausdruck auch mit dem des Vorlesers überein, wenn der Urteilende eine ganz andere Ansicht formuliert. Also bei der griesgrämigen Probe sagt: „Das war ganz locker.“

Für den Fall, dass die Mimik eines Sprechenden über längere Zeit unverändert bleibt, nehmen die Zuhörer tendenziell, im Einzelfall sogar total den Gesichtsausdruck des Sprechenden an, bei Blickkontakt schon binnen weniger Sekunden. Diese Übertragung wird üblicherweise nicht wahrgenommen, aber die Beurteilung des Gehörten steht völlig im Einklang mit den vermittelten und angenommenen Gesichtsausdrücken.

An einem Stammtisch erzählte ein Vater von seinem Sohn, der in der Pubertät offenbar die falschen Freunde hatte, dadurch im kleinkriminellen Milieu unterwegs sei. Das Gesicht des Vaters zeigte deutlich, dass er sich Sorgen machte. Und beim Fortgang des Berichts, dass der Sohn jetzt auch noch Drogen konsumiere, steigerte sich der Gesichtsausdruck bis zur Angst um den Sohn. Die Zuhörenden hatten am Ende des Berichts alle diesen angestrengten, verkrampften Gesichtsausdruck: zunächst hochgezogene Stirn und zusammengekniffener Mund, dann heruntergezogene Stirn und leicht geöffneter, nach unten gezogener Mund. So drücken wir unsere Empathie aus. Das kann sich in einem Trauerfall bis zum gemeinsamen Weinen verstärken.

Auch wenn unser Vorleser hinter der Pinnwand steht, übertragen sich die mimischen Ausdrücke, wie dies nach den vorangegangenen Beschreibungen nicht anders zu erwarten ist, und schlagen sich auf der Zuhörerseite als unterstellte Beurteilung nieder. Hier zeigt sich erneut der dominante Charakter der Modulation: Sie vermittelt die Bedeutung, die der Sprechende dem Inhalt gibt.

So lässt sich leicht zeigen, dass die Sprechmelodie vom Gesichtsausdruck gesteuert wird. Eine Grimasse legt sofort die Melodie fest. Zu einer gewählten Grimasse die

Modulation einer ganz anderen Grimasse anzunehmen, gelingt nur mit sehr viel Übung bzw. im Falle der Imitation. Verändert man beim Sprechen die Mimik, dann verändert sich damit auch der Ton.

Wenn also die genervte Verkäuferin mit freundlichsten Worten sagt: „Das Hemd kann ich Ihnen nur empfehlen, es steht Ihnen so gut.“ Und wenn sie dabei völlig angestrengt und grimmig aussieht, dann imitiert sie nur die Freundlichkeit und hat dabei den Ton des Genervtseins. Damit lautet die Botschaft: „Lassen Sie mich in Ruhe und entscheiden Sie sich endlich!“ Und genau das versteht der Kunde auch – nicht den Wortlaut.

Mimik erzeugt den Ton und legt damit die Bedeutung des Gesagten fest.

Geht man entwicklungsgeschichtlich davon aus, dass Körpersprache vor stimmlicher Ausdrucksvielfalt existierte, dann lässt sich die Sprechmelodie als Folge der Mimik verstehen. Das heißt, die Sprechmelodie hat dieselbe Bedeutung bei gesprochenen Botschaften wie die Mimik im nonverbalen Ausdruck.

Es gilt, zwei Fakten festzuhalten:

1. Durch die Stimme werden Gesichtsausdrücke akustisch übertragen.
2. Beim Zuhören überträgt sich der Gesichtsausdruck des Sprechenden auf die Mimik der Zuhörer.

Punkt 1 fordert zwingend, dass es feste Zusammenhänge zwischen Stimme und Mimik gibt, sonst wären wir nicht in der Lage, beim reinen Zuhören Gesichtsausdrücke zu unterscheiden – die wir ja gar nicht sehen. Jeder kennt und nutzt diesen Effekt beim Telefonieren. „Oh, jetzt hab' ich aber die Kundin verärgert", sagt der Mitarbeiter im Call Center. „Sie wurde ganz schmallippig und klang verbissen." Er hat die Kundin nicht gesehen, aber aus dem Ton kann er ableiten, wie der Gesichtsausdruck war.

Punkt 2 – der Gesichtsausdruck überträgt sich auf die Zuhörer – kann nur so gedeutet werden, dass die Übertragung der Mimik zwischen Sprechendem und Zuhörern durch die uns schon bekannten Auslösemechanismen funktioniert: Ein Außenreiz oder eine Erinnerung lassen das Gesicht freudig strahlen oder grüblerisch aussehen. Die Zusammenhänge zwischen den empfangenen akustischen Signalen und der zugehörigen Mimik werden nicht erlernt, sie sind angeboren.

Eindeutige Signale

Stimmlage und Bedeutung

Die Sprechmelodie legt verbindlich fest, wie wir den Sachverhalt bewerten und wie wir ihn verstanden haben wollen.

Je nach Geschlecht, physischer Konstitution und Ausprägung des Stimmapparates besitzt der Mensch eine individuell ausgeprägte Stimm*lage*; Männer häufig im Tenor- oder Bassbereich, Frauen im Alt- oder Sopranbereich. Dies ist die „Normallage“, in der man spricht, wenn man entspannt und ruhig ist. Die Sprechstimmlage verändert sich abhängig von Erregung, Ermüdung, Bedeutung des Inhalts, Entfernung des Zuhörers: Die Stimme „moduliert“.

Ist Ihnen schon aufgefallen, dass wir beim Reden neue Gedanken, neue Perspektiven, Einwürfe stets mit einer Anhebung der Stimme verbinden? Teilen wir etwas mit, was der Allgemeinheit vorenthalten werden soll, senken wir die Stimme ab, eventuell flüstern wir tonlos. Diese Verhaltensweisen legen den Verdacht nahe, dass dahinter ein Prinzip steckt.

Stellen Sie sich einmal vor: Sie gehen die Straße entlang, in eine Zeitung vertieft, die Ihnen den Blick nach vorne verdeckt. Plötzlich ruft eine *angehobene* Stimme von hinten: „Vorsicht, ein Loch!“ Ihre Reaktion: Sie werden die Zeitung wegreißen und die Baugrube suchen.

Noch einmal: Sie gehen die Straße entlang, mit bewusster Zeitung. Nun ruft plötzlich eine *abgesenkte* Stimme von hinten: „Vorsicht, ein Loch!“ Ihre Reaktion: Sie werden die Zeitung senken und sich nach hinten, nach dem, der gerufen hat, umdrehen.

Obwohl in beiden Fällen eine Gefährdung mitgeteilt wird, reagieren wir im zweiten Fall völlig kontrovers – und das, obwohl wir die Normalstimmlage des Rufers gar nicht kennen, über seine Glaubwürdigkeit also gar keine Aussage treffen können. Die unterschiedlichen Reaktionen können also nur durch die unterschiedlichen Stimmlagen ausgelöst worden sein.

Würde uns der besorgte Zeitgenosse mit einer normalen Sprechstimmlage warnen, nähmen wir die Warnung nicht ernst. Erst die angehobene Stimme sagt uns, dass Gefahr droht.

Noch ein Beispiel, über das sich viele Eltern erst ärgern, sich aber letztendlich nach dem gleichen Muster verhalten:

Verwandte nähern sich dem Säugling im Kinderbett, wedeln mit den Händen, nicken mit den Köpfen und krähen den Säugling an: „Wo iss er denn, der Kleine ... Ja, was macht denn mein Schatz ...“ Und der neue Erdenbürger tut ihnen dann den Gefallen und kichert oder schreit. Wenn er aber schmerzerfüllt schreit (Eltern bekommen sehr rasch ein feines Gehör, welche Ursache ein Schreien haben kann, obwohl man auch dieses Differenzierungsvermögen nie gelernt hat, bei näherem Betrachten nie lernen könnte!), dann nimmt ihn ein Elternteil auf den Arm, streichelt das jüngste Familienmitglied, schürzt die Lippen zur Dämpfung der Stimme und spricht in seiner tiefsten Stimmlage beruhigend auf den Säugling ein: „Ist ja nicht so schlimm ..., wird alles wieder gut ..."

Auch wenn solches Verhalten häufig als albern abgetan wird, dahinter steckt ein archaisches Vermittlungsmuster aus den Zeiten der Urlaute:

- Die **Anhebung der Stimme signalisiert Wichtigkeit**, Neuigkeit, Spannung, Not, Aufregung. Je nach Höhe der Anhebung wird die Stimme meist auch lauter, sodass sie für viele hörbar wird, zum Beispiel beim Hilferuf. Das fordert eine Reaktion heraus. Würden wir versuchen, den Säugling mit einer abgesenkten Stimme zu einer Reaktion zu bewegen, hätten wir Pech. Er würde vermutlich einschlafen.
- Die **Absenkung der Stimme signalisiert Ruhe**, Behaglichkeit, Vertraulichkeit, Besänftigung, Souveränität. Mit tiefer werdender Stimme wird die Lautstärke geringer, der Sprechende ist nicht mehr für alle verständlich, sondern nur noch für seinen unmittelbaren Gesprächspartner.

Ähnlich wie bei den angeborenen Körperausdrücken Lachen und Weinen spielen sich zwischen den Polen hoch und tief die Möglichkeiten des Sprechens ab. Das ist der *Modulationsbereich* unserer Stimme. An der spontanen Sprache lässt sich zeigen, dass sich alle Artikulationsformen auf diese polaren Wirkungseffekte zurückführen lassen. Je mehr Aufmerksamkeit wir wollen, umso höher steigt die Stimme an. Wollen wir dagegen abschwächen, besänftigen, beruhigen, persönlich mitteilen, senken wir die Stimme. Die Modulation hängt natürlich auch von unserer körperlichen Verfassung, unserer Stimmungslage, der inhaltlichen Bewertung und der Sprechabsicht ab.

Zur Erklärung dieser Tatsache sind in der folgenden Tabelle Inhaltskategorien mit der glaubwürdigen Modulation der Stimme eingetragen, wo wir sie als solche wahrnehmen – und wo sie liegen müssen, um entsprechende Reaktionen und Verständnis auszulösen. Die beschriebenen Polaritäten sind mit Anspannung und Entspannung bezeichnet. Diese Polaritäten sind offen, d. h., in Extremfällen können diese Bereiche unter- bzw. überschritten werden (Erschöpfung, Hysterie u. ä.). Die Pfeile geben die tendenzielle Richtung der Sprechmelodie an.

Stimmlage: ← tief – – – – mittel – – – – hoch →

Entspannung	Normallage	Anspannung
← Geringschätzung		
Bewunderung →	Überraschung →	
← Vertraulichkeit →		
← Beruhigung	← Besänftigung	
		Warnung →
		Vorwurf →
		← Abwiegelung
		← Neuigkeit →
	Aufregung →	
← diskrete Mahnung		Besonderheit Wichtigkeit →
	Interessenlosigkeit	
	Belanglosigkeit	
	← Langeweile	
	Zurückhaltung →	

Das heißt: Als Zuhörende orientieren wir uns nicht an der individuellen Normallage des Sprechenden, sondern am Spannungszustand seiner Stimme. Die Pole Anspannung und Entspannung sind also für das Verstehen maßgeblich. Daher ist es auch verständlich, dass wir:

a) Stimmen nicht analysieren müssen;
b) Stimmlagen nicht „speichern" müssen;
c) die Stimme einer Person nicht kennen müssen, um sie zu verstehen.

Damit lässt sich die Speicherkapazität unseres Gehirns enorm entlasten: Wir müssen nicht jede Stimme speichern, um sie verstehen zu können, sondern es reicht, das von Stimmcharakter und Individuum unabhängige Spannungsmuster zu analysieren. Eine solche Analyse ist im Nervensystem sehr einfach zu realisieren.

Das Verstehen hängt von der passenden Sprechmelodie ab.

Wenn der Trainer beim Jugendsport die Technik erklärt, ist die Stimme in der Normallage. Muss er streitende Parteien beruhigen, verwendet er einen tieferen Ton. Und wenn er die Mannschaft motivieren will, ist seine Stimme höher. Das alles muss niemand lernen, diese Muster sind angeboren. Im Hinblick auf eine gewünschte Wirkung stehen inhaltliche Aussage und Spannungszustand der Stimme in einem definierten Verhältnis zueinander.

Ein Vergleich dieser Spannungszustände mit Intention und Wirkung zeigt, dass die Anhebung der Stimme zu einer Aktivierung, die Mittellage zu einem indifferenten Austausch und die Absenkung zu einer Deaktivierung des Ansprechpartners führt. Weiter zeigt sich, dass die Stimmlage wichtiger ist als die formulierte Aussage, d. h., die Wirkung richtet sich nach dem Eindruck, den der Ton vermittelt. Das ist der berühmte Ton, der die Musik macht.

Der Zusammenhang zwischen Sprechmelodie und Motivation sei an drei willkürlich gewählten sprachlichen Beispielen erläutert:

1. dem Vorwurf
2. dem Zorn, der Wut (Fluch)
3. der Besänftigung

Formulierungsbeispiele:

zu 1: (aufgebracht) „Ich habe Ihnen schon hundertmal gesagt, dass das so nicht geht. Das machen Sie doch nur, um mich zu ärgern."

zu 2: (sauer) „Mist, verdammter. Ausgerechnet jetzt muss das passieren. Wenn ich den Kerl zwischen die Finger kriege."

zu 3: (harmlos) „Ich habe damit überhaupt nichts zu tun. Ich hab' mir dabei nichts Schlimmes gedacht."

Jenseits dieser Formulierungsbeispiele findet man übergeordnete Muster. Es stellen sich Sprechmelodieverläufe heraus, die typisch sind für die gewählten Kategorien:

zu 1:

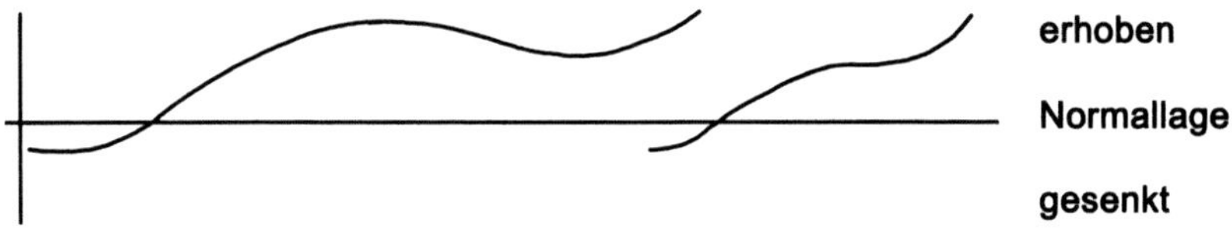

„Ich habe Ihnen schon hundertmal gesagt, dass das so nicht geht. Das machen Sie doch nur, um mich zu ärgern."

zu 2:

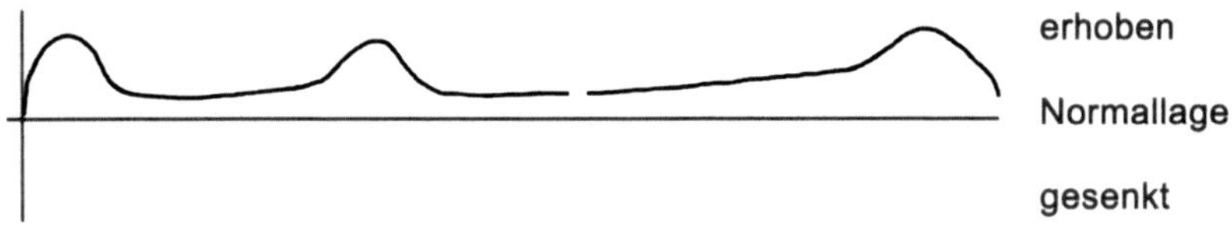

„Mist, verdammter. Ausgerechnet jetzt muss das passieren. Wenn ich den Kerl zwischen die Finger kriege!"

zu 3:

„Ich habe damit überhaupt nichts zu tun. Ich hab' mir dabei nichts Schlimmes gedacht."

Um die charakteristischen Elemente im Einzelnen zu erläutern, beginnen wir jeweils mit der Motivation, die der Sprechende hat.

Der Zweck eines **Vorwurfs**, die Intention, liegt darin, das Gegenüber zu einer Reaktion zu bewegen. Stimmlich drückt sich das durch eine Zunahme der Sprechspannung aus, also einer Erhöhung der Stimme und Steigerung der Lautstärke gegen Ende der jeweiligen Aussage. Wir sprechen mit Nachdruck.

Der **Wutausbruch** ist, wie der Begriff schon erkennen lässt, eine eruptive, impulsive Aussageform, in der innerer Druck abgebaut wird. Es kommt zu sehr kurzen, aber starken Stimmanhebungen. Verlängert man die Spannungs- bzw. Anhebungsphasen, stellt sich der Eindruck des Zorns gegen jemanden oder etwas ein. Stellen Sie sich vor, Sie ärgern sich über eine nicht anwesende Person mit der Bemerkung „dieser blöde Hund!“ und vergleichen dazu die Stimmlage, wenn Sie eine anwesende Person mit den gleichen Worten beschimpfen. Klanglich wird der Ausdruck dann wieder dem Vorwurf ähnlich.

Eine **Besänftigun**g dient dem Zweck der Verteidigung, der Abwehr. Häufig ist sie die Antwort auf einen Vorwurf. Die Besänftigung soll dann „falsche“ Spannungen abbauen, auf den Boden der Tatsachen zurückführen. Genau diese Bewegung vermittelt die Sprechmelodie: Sie beginnt in der angehobenen Lage und leitet in die normale bis gesenkte Stimmlage.

Mithilfe von Filmaufnahmen kann man zeigen, dass alle drei Artikulationsformen an deutlich unterschiedliche mimische Ausdrücke gebunden sind. Wir wissen schon von der Bedeutung der Mimik und daraus folgt schlüssig, dass die Sprechmelodie durch ihre enge Verbindung mit der Mimik die Vermittlung der Bewertung, Beurteilung, Be-„stimmung“ übernimmt. Sie transportiert das Empfinden.

Betrachten wir die Bedeutung der Sprechmelodie einmal von einer anderen, nicht emotionalen Seite. Dazu wählen wir einen Satz, der aus einer sachlichen Feststellung besteht:

„Der Wetterbericht hat für morgen Sonnenschein gemeldet.“

Diese Aussage drückt keinerlei Bewertung aus. Sprechen Sie diesen Satz nun nacheinander mit den oben aufgezeichneten Sprechmelodieverläufen, und Sie können aus dieser sachlichen Feststellung ohne Veränderung der Satzstruktur oder der Wortwahl einen Vorwurf, eine „Wut“ oder eine Besänftigung machen.

Diese Wechselbeziehungen Intention – Stimmlage – Wirkung sind offenbar ein Verhaltensmuster, denn sie stellen sich in der spontanen Kommunikation automatisch ein. Die Sprechmelodie ist so Ausdruck der Intention und vermittelt die Detail-Bedeutung des Inhalts aus der Sicht des Sprechenden.

Obwohl die Beispiele zufällig ausgewählt sind, stehen sie doch stellvertretend für typische Formen zwischenmenschlicher Kommunikation. Bei näherem Hinhören fällt weiterhin auf, dass die charakteristischen Stimmanhebungen mit bestimmten Wortklassen zusammenfallen: Im Vorwurf gibt es viele Pronomen und Verben, im Zorn eher Adjektive und Substantive, in der Besänftigung Pronomen und Adverbien. Hier müssen einschlägige Forschungen noch viel zutage fördern, was die Bedeutung der Sprechmelodie abhängig vom Inhalt betrifft. Die Linguistik notiert zwar bisher das Phänomen der Sprech- oder Satzmelodie und ihre Veränderungen abhängig vom Satzbau, nicht aber unter dem Gesichtspunkt der Sprechabsicht und Ausdrucksebene.

Zusammenfassend lässt sich feststellen:

Durch Sprechen wollen wir Inhalte, Denkvorgänge, Gefühle mitteilen. Deshalb kann man die verbale Vermittlung auf drei Ebenen verteilen:

1. *Der **Inhalt** wird durch **Worte** und Sätze (Lexik, Syntax) ausgedrückt.*
2. *Das **Denkvermögen** artikuliert sich in **Logik** und Argumentation.*
3. *Die Bewertung und **Empfindung** drücken sich durch die **Modulation** im Einklang mit der Mimik aus.*

Der Ton macht die Musik

Sprechmelodie und Inhalt

Auf einem Spaziergang kann ich einen Hundebesitzer beobachten. Immer wenn der nicht angeleinte Hund wegläuft, hört man Herrchen nach ihm rufen: „Komm sofort her, Oskar. Aber schnell, komm her.“ Das führt jedoch zu keiner Reaktion, denn Herrchen ruft völlig entspannt und ohne jede Wichtigkeit im Ton. Das könnte auch heißen: „Mach doch, was du willst, mir egal.“ Und genau das hört der Hund. Also gibt es keine gewünschte Reaktion. Natürlich versteht der Hund die Worte nicht, aber er richtet sich nach dem Ton der Aussage. Und die kommt bei ihm nicht als Befehl an.

Bei Menschen funktioniert das genauso: Wir richten uns zuallererst nach der Modulation einer Aussage, dann hören wir erst auf die Worte. Verbindet man Aussageziele mit nicht dazugehörigen Sprechmelodien, führt das im Normalfall zu beträchtlichen Irritationen, in denen sich der Zuhörende aber immer zuerst an der Modulation, der Sprechmelodie orientiert, nie an den Worten.

Der Ton ist dominant gegenüber dem Inhalt.

In Fällen manipulierenden Sprechens, bei Ironie, Verfremdung, Zynismus etc. werden diese Effekte genutzt: Die Wirkung stellt sich n u r dann ein, wenn die Beziehung zwischen Formulierung und Sprechmelodie gezielt manipuliert wird.

Sprechen Sie den Satz: „Das hast du wirklich gut gemacht." Einmal als Lob und einmal mit Ironie. Je nachdem, ob Sie ‚wirklich' oder ‚gut' als Hauptbetonung setzen, sprechen Sie dieses Wort beim Lob mit einer Hochbetonung aus, bei der Ironie wird es dagegen mit einer Tiefbetonung versehen. Die ursprüngliche Bedeutung der Satzmelodie wird also umgekehrt.

Unsere Sprache erlaubt uns die Konstruktion langer, geschachtelter Sätze, um Zusammenhänge in beliebiger Komplexität mitzuteilen. Dafür gibt es Satzzeichen, um einzelne Aussagekomplexe voneinander zu trennen. Dies sind, wohlgemerkt, Satz- und keine Sprechzeichen, obwohl es auch heute noch Lehrer geben soll, die ihren Schülern beibringen, dass beim Komma die Stimme oben bleiben soll. Damit entsteht eine typische Sprechmelodie beim Lesen: das Leiern.

Ich möchte mich im Folgenden auf sachliche Mitteilungen beschränken und zeigen, wie die eben beschriebene hohe oder tiefe Stimme und damit die Sprechmelodie beim Reden wirkt. Denn das Wichtigste erkennen wir am Ton, an der Melodieführung. Als nonverbales Ausdrucksmittel ist diese Modulation von genauso großer Bedeutung wie die Körpersprache. Und alles, was in den nonverbalen Bereich gehört, ist stärker als Worte.

Schauen wir uns also einige Beispiele von Satzmelodien an.

Die Frage

Es gibt zwei Arten von Fragen: eine Art, um etwas Bestimmtes zu erfahren, eine Erwartung bestätigen zu lassen; eine andere, um irgendeine Antwort zu bekommen. Beide lassen sich durch die Sprechmelodie und die Wortwahl unterscheiden.

Beispiel 1: *Ich bin in Eile und fürchte, meinen Bus zu verpassen. Ich wende mich an meinen Gesprächspartner*:

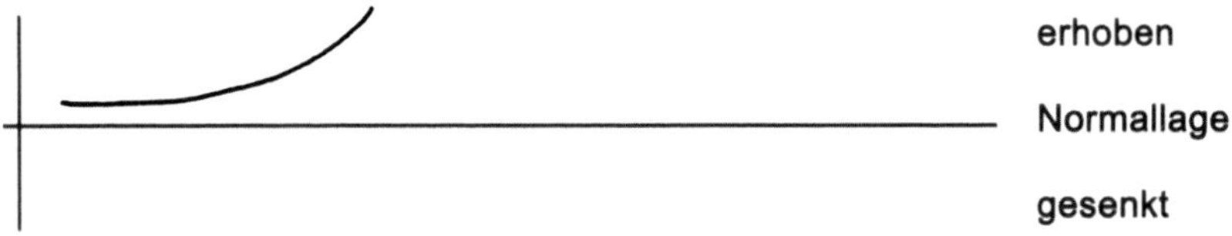

„Wie spät ist es?"

Hier erwarte ich mit Bestimmtheit eine präzise, rasche Antwort. Mit der Stimmlage werden eine Spannung und Erwartungshaltung aufgebaut, die mit der Antwort gelöst werden *müssen*. Typischerweise verläuft die Sprechmelodie der Antwort im gegensätzlichen Bogen abwärts.

Beispiel 2: *Ich formuliere eine Denksportaufgabe, die in der Frage gipfelt:*

„Wie spät ist es?"

Ich muss meinem Gesprächspartner eine Bedenkzeit einräumen, kann keine sofortige Antwort erwarten, muss gegebenenfalls die Antwort sogar selbst geben. Der Fragesteller hat es nicht eilig, die Antwort ist nicht dringend.

Die Feststellung

Jede Mitteilung enthält Fakten, auf die wir hinweisen wollen, die wir „betonen" wollen. Die Sprechabsicht führt die Sprechspannung und die Stimme auf den wichtigen Begriff hin.

Dazu folgender Modellsatz:
„Die Landesgrenzen von Fantasia werden im Sommer neu vermessen."

Nun setzt das Rätseln ein: Welches Wort wird betont? Sicher das, das sich im Zusammenhang des Textes durch besondere Bedeutung auszeichnet.

Nehmen wir an, das Wort „Sommer" sei der entscheidende Begriff. Anders gesagt: Dem Sprecher und den Zuhörern muss die „Vermessung der Landesgrenzen von Fantasia" ein hinreichend *bekannter Vorgang* sein. Die Sprechstimme beginnt am Satzanfang in der Normallage, steigt sacht bis „im" an, erhöht sich zusätzlich bei „Sommer" und fällt dann bis zum Punkt wieder zur Normallage ab:

„Die Landesgrenzen von Fantasia werden im Sommer neu vermessen."

Wohin wir die Betonung nun auch legen mögen, stets „zielt" die Sprechmelodie auf den jeweiligen Begriff. Geben wir diesem Prozess auch einen technischen Ausdruck: Die Sprechmelodie baut eine *Erwartungsspannung* auf das Zielwort auf.

Geht man jedoch davon aus, dass bislang nur die Rede von den Preisen im letzten Winterschlussverkauf war, und dass nun mit diesem Satz ein *ganz neuer* Sachverhalt eröffnet wird, dann ändert sich die Sprechmelodie derart, dass wir mit angehobener Sprechstimme beginnen. In der Umgangssprache nutzen wir häufig Einleitungsformulierungen, wie „ach, übrigens ..."; „Bevor ich's vergesse, ..."; „Wussten Sie schon, ...".

„Die Landesgrenzen von Fantasia werden im Sommer neu vermessen."

Wir wecken durch die Anhebung zu Beginn des Satzes die Aufmerksamkeit für ein neues Thema. Erst in zweiter Linie führt hier die Melodie auf den herauszuhebenden Sachverhalt.

Was passiert, wenn wir nun **Einschübe** formulieren, sodass Schachtelsätze entstehen?
„Die Landesgrenzen von Fantasia werden, wenn das erforderliche Maßband, das sich zurzeit in Filigrad befindet, rechtzeitig eintrifft, im Sommer neu vermessen."

Bitte werfen Sie mir nicht vor, dass man diesen Satz wesentlich einfacher formulieren könnte – Sie haben recht. Dennoch soll es vorkommen, dass wir nicht immer den sprachlich verständlichsten Weg wählen ...! Gehen wir davon aus, dass der bedeutendste Begriff weiterhin das Wort „Sommer" sei, wie am Anfang dieses Beispiels.

Mit der Sprechmelodie machen wir nun die inhaltlichen Zusammenhänge hörbar. Der Einschub „wenn das ... eintrifft" kann auf zwei Melodieebenen eingefügt werden:

a) Ist es sehr fraglich, ob das Maßband rechtzeitig eintreffen *kann*, dann wird dieser Sachverhalt noch wichtiger als der Zeitpunkt der Vermessung – wir heben die Einfügung stimmlich etwas an.

b) Bestehen wenig Zweifel, ob das Maßband dringend nötig ist oder ob es rechtzeitig kommt, hat der Einschub nur einen kommentierenden und wenig bedeutsamen Charakter, dann senken wir die Stimme ab.

Beide Melodieverläufe sind aber so voneinander abgesetzt, dass die Melodie des Kernsatzes „Die Landesgrenzen von Fantasia werden im Sommer neu vermessen" erhalten bleibt.

Die Veränderungen der Sprechmelodie werden in den folgenden Beispielen durch Stufen nach oben (Fall a) oder unten (Fall b) und durch Linienführungen gekennzeichnet, die den Verlauf annähernd wiedergeben.

Variante a):

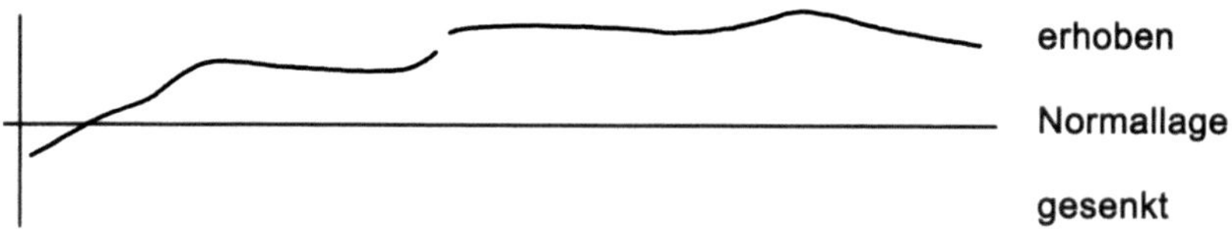

„Die Landesgrenzen von Fantasia werden, wenn das erforderliche Maßband, das sich zurzeit

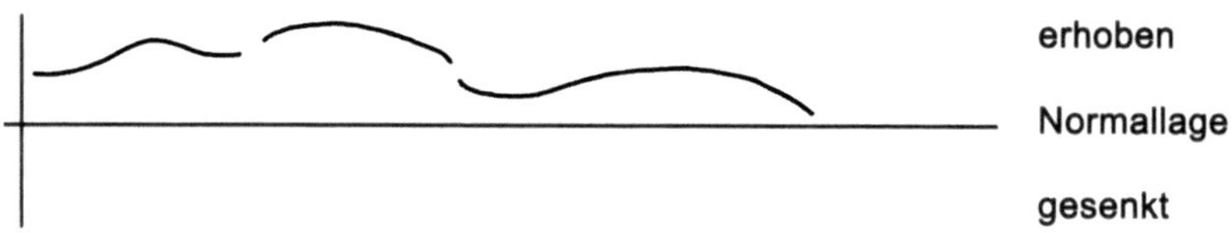

in Filigrad befindet, rechtzeitig eintrifft, im Sommer neu vermessen.“

Variante b):

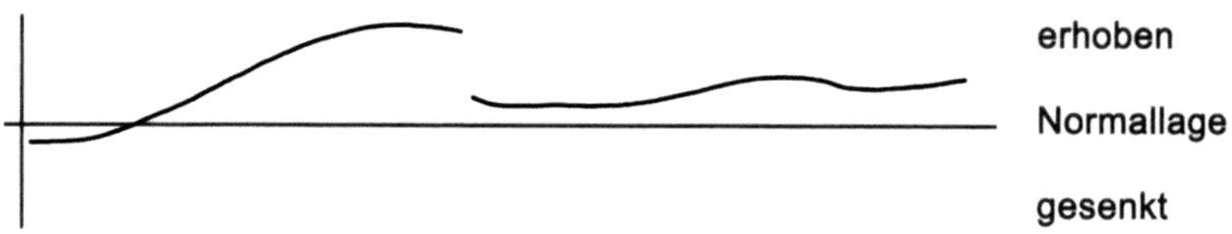

„Die Landesgrenzen von Fantasia werden, wenn das erforderliche Maßband, das sich zurzeit

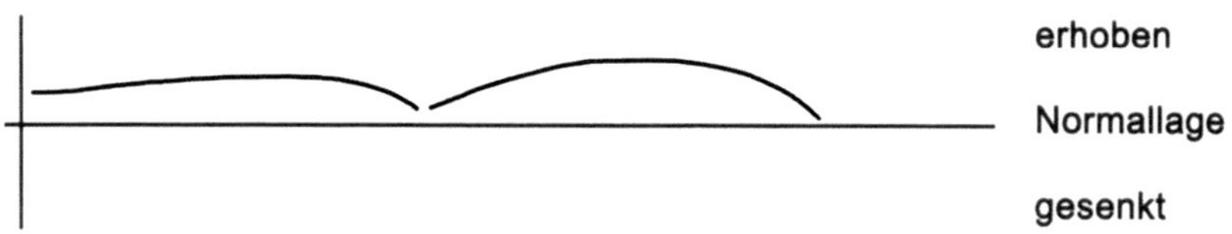

in Filigrad befindet, rechtzeitig eintrifft, im Sommer neu vermessen.“

Sicher ist Ihnen beim Sprechen aufgefallen, dass es auch innerhalb des Einschubs noch einmal eine Einfügung gibt: „das sich zurzeit in Filigrad befindet“. Syntaktisch handelt es sich hier um einen eingeschobenen Relativsatz. Wir senken zu Beginn des eingeschobenen Relativsatzes die Stimme ab. Hat der Relativsatz eine begründende Funktion, d. h. folgt ihm keine wichtigere Aussage, dann ändert sich die Sprechmelodie.

Es gibt also typische Satzmelodien für die Frage und für die Feststellung. Schauen wir uns noch weitere Beispiele an.

Die Aufzählung

Die Aufzählung oder Reihung ist gekennzeichnet durch einen periodischen Melodieverlauf, der am Ende eines Fakts angehoben und mit dem Beginn des nächsten etwas abgesenkt wird. Es entsteht ein Melodiemuster – das Leiern. Die Anhebung verursacht eine Erwartungsspannung, mit der der Sprechende zum Ausdruck bringt, dass es noch weitergeht, dass er nicht unterbrochen werden möchte. Erst am Ende der Aufzählung senkt sich die Stimme in die Normallage. Das Satzzeichen dazu ist der Punkt. Man spricht dabei von einem „Tiefschluss“.

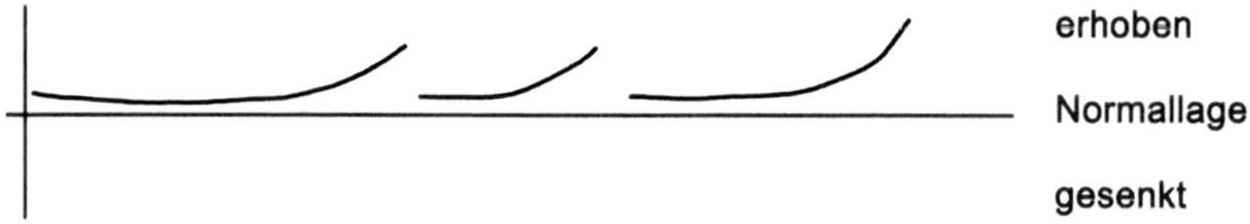

„Erst pflügt der Bauer den Acker, dann eggt er ihn, anschließend wird eingesät,

gedüngt und im Sommer gegebenenfalls bewässert."

Wir führen diese Stimmbewegungen in den seltensten Fällen bewusst aus. Was an dieser Stelle deutlich an Kontur gewinnt, sind die Kenntnisse, die wir aus den vorigen Abschnitten mitbringen, nämlich dass unser Modulationsvermögen zwischen den Polen Stimmanhebung und Stimmabsenkung pendelt. Das Hörverstehen ist darauf geprägt.

Und noch eine weitere typische Satzmelodie.

Die Zwangsfolge, der Gegensatz

Erklären wir einen Zusammenhang durch zwei sich bedingende Fakten, klingt das so:

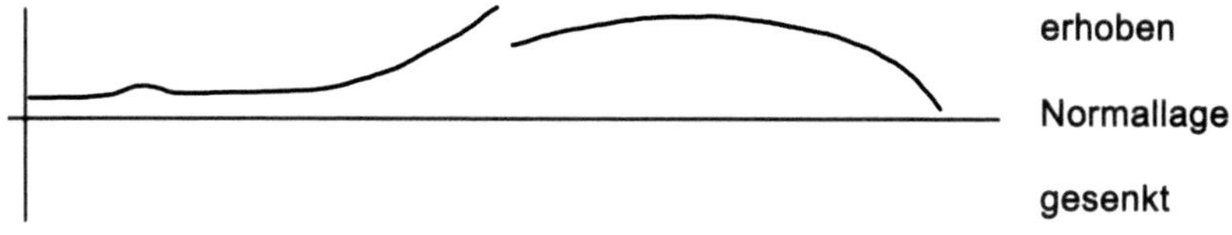

„Der Zug kann erst in den Bahnhof einfahren, wenn das Einfahrtssignal freie Fahrt zeigt."

Auch hier signalisiert der Anstieg der Stimmlage bis „... einfahren“, dass es noch weitergehen wird. Beim Zuhörer baut sich eine Erwartungsspannung auf, die sich zunächst nicht von der der Aufzählung, Reihung unterscheidet.

Die einschränkende Bedingung für die Einfahrt des Zuges kommt dadurch zum Ausdruck, dass die Sprechmelodie mit „wenn“ wieder auf den Tiefschluss zuläuft. Dabei kann durch eine zusätzliche Anhebung das „Wenn“ herausgehoben werden, etwa im Sinne einer Einzigartigkeit. Die Stimmmelodie erzeugt hier eine Erwartungsspannung und löst sie wieder auf.

Formulieren wir **Gegensätze oder Steigerungen**, ist die Sprechmelodie sehr ähnlich. Es kann dann, je nach Schärfe des Gegensatzes, zu deutlichen Anhebungen der Stimme kommen.

- „Die Preise steigen nicht nur, sie überschlagen sich förmlich.“
- „Der Maler hat die eine Seite weiß gestrichen, die andere nicht.“
- „Auf der einen Seite werden die Steuern erhöht, auf der anderen Seite durch Vergünstigungen wieder gesenkt.“

Natürlich haben wir solche Sätze schon in ganz anderen Melodieverläufen gesprochen gehört. Es wird hier auch nie behauptet, dass dies „obligatorische“ Sprechmelodieverläufe seien. Wie in diesem Kapitel gezeigt, signalisiert die Melodie die individuelle Bewertung der Dinge. Und sowie nun überlagernde Beurteilungen hinzukommen, wie beispielsweise Geringschätzung, Freude, Abneigung, Angst, fallen auch die Sprechmelodien entsprechend anders aus, aber genau wieder nach den bereits erwähnten Polaritäten und Mustern. Diese Muster können Sie im Kapitel „Ich höre, wie Sie gucken" noch einmal nachlesen.

Die Einschränkung

Zum Thema Körpersprache wissen Sie ja: „Es gibt für alles eine Erklärung, aber schon Platon hat gesagt ..." Wenn Sie diesen letzten Satz laut lesen, haben Sie auch schon verstanden, worum es geht. Wenn wir eine Aussage unmittelbar einschränken wollen, kommt das große „Aber" mit einer deutlich angehobenen Stimme. Den vorherigen Satzteil sprechen wir meistens auf Punkt. Dabei ist unbedeutend, ob vor dem „Aber" ein Punkt oder Komma steht.

Wir können unseren Einleitungssatz so formulieren, dass die Einschränkung absehbar wird:

„Es gibt *zwar* für alles eine Erklärung, aber schon Platon hat gesagt ..."

Auch hier hört man deutlich die starke Stimmanhebung auf dem einschränkenden „Aber“.

Die Ankündigung

Das akustische Zeichen im Theater kündigt den baldigen Vorstellungsbeginn an. Die grelle Kinoreklame kündigt uns einen Filmstar an. Der Tusch kündigt den Vereinspräsidenten an. Wenn Sie auf den Melodieverlauf der Musik beim Tusch achten, hören Sie dasselbe Muster wie in der Sprache.

Und nun geben wir eine Ankündigung bekannt:

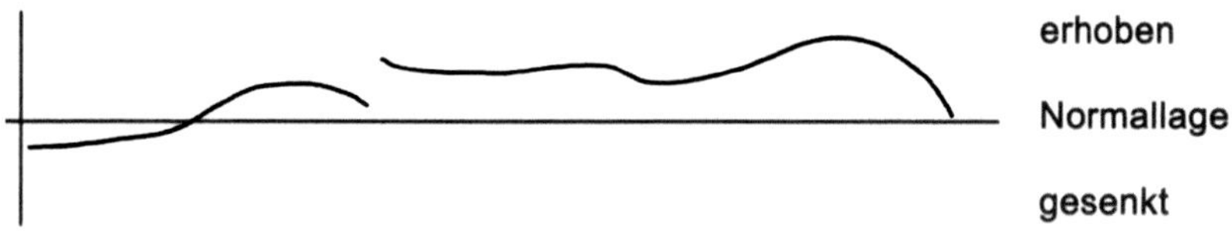

„Auf der heutigen Pressekonferenz teilte der Minister auf Anfrage mit, er werde im nächsten Monat nach Ägypten reisen.“

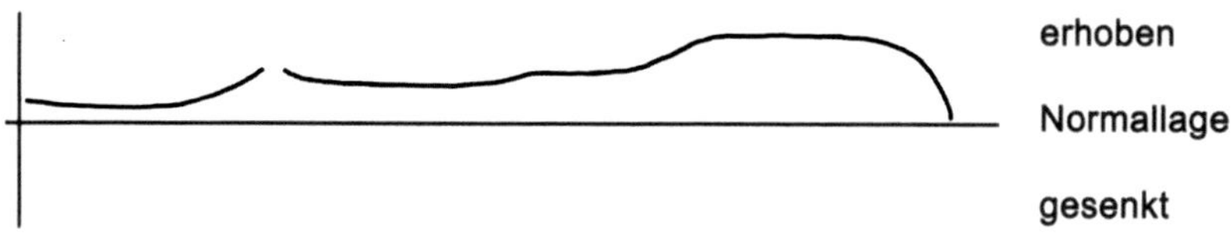

„Auf der heutigen Pressekonferenz antwortete der Minister auf eine entsprechende Frage: ‚Ich fahre nächsten Monat nach Ägypten.‘“

Gleich, ob bei direkter oder indirekter Rede: Wir sprechen die Anführungszeichen mit, indem wir beim Zitat die Stimmlage etwas anheben.

Wollen wir es ganz spannend machen, steigt die Stimme langsam bis zum Doppelpunkt an. Diesen Tonfall kennen wir vom Moderator, der uns den Star des Abends ankündigt. Damit seine Ankündigung auch die nötige Dynamik bekommt, beginnt er sie häufig in der entspannten Stimmlage, um sich bis zum Überschlagen der Stimme steigern zu können.

Der Ankündigungs-Typus gilt auch in umgekehrter Satzteilfolge:

- „Er werde im nächsten Monat nach Ägypten reisen, teilte der Minister auf der heutigen Pressekonferenz auf Anfrage mit."
- „‚Ich werde nächsten Monat nach Ägypten reisen', sagte der Minister auf der heutigen Pressekonferenz ..."

Durch die Veränderung der Sprechstimmlage wird hier ganz klar das Wichtige, nämlich das Zitat vom Unwichtigen getrennt. Und das Wichtige wird mit der angehobenen Stimme mitgeteilt, denn sie erregt Aufmerksamkeit.

Auch hier führt die Sprechmelodie auf die „Höhepunkte" hin, weckt Erwartungen und stellt so bestimmte Voraussetzungen für die Wahrnehmung her.

Nachdem wir nun verschiedenste Aussageformen auf ihre Sprechmelodie hin untersucht haben, von der Frage bis hin zur Ankündigung, stellen wir fest, dass die Melodie einen bestimmten Inhalt abbildet. Wir kennen schon die dominante Rolle des Tons gegenüber dem Inhalt, deshalb können wir jetzt formulieren:

Eindeutige Aussagen gibt es nur mit dem passenden Ton.

Dieser Abschnitt hat gezeigt,

1. *dass die Modulation, die Satzmelodie eine exakt definierte Wirkung auf den Zuhörer ausübt.*
2. *Daher verfügen wir über inhaltsabhängige Sprechmelodien. Unter Berücksichtigung der Zusammenhänge zwischen Stimmlage und Mimik bedeutet dies,*
3. *dass die Sprechmelodie, ähnlich wie die Mimik, ein Ausdrucksmittel unseres Empfindens ist.*

Auch wenn es hier nicht im Detail wiederholt wurde: Wichtige Aussagen heben unsere Augen-Stirnpartie an und bringen Spannung in die Lippen, die Stimme wird angehoben. Unwichtige bis belanglose Dinge dagegen entspannen das Gesicht und – wie gezeigt – die Stimme. Dazwischen liegt der gesamte individuelle Modulationsbereich und es bleibt allen Neugierigen überlassen, diesen Zwischenbereich zu testen. Hier eine Anleitung dazu:

Übung:

Wählen Sie eine beliebige, sachlich korrekte Aussage, z. B.: „In alten Bachläufen gibt es über zwei Millionen Fliegenlarven pro Quadratmeter.“

Sprechen Sie den Satz zunächst einmal monoton vor sich hin. Sprechen Sie den Satz zu folgenden mimischen Ausdrücken:

- *Erstaunen Sie mimisch über die hohe Zahl!*
- *Ekeln Sie sich vor den Fliegenlarven!*
- *Zweifeln Sie (mimisch!) an den Quadratmetern!*
- *Freuen Sie sich an den alten Bachläufen!*

Konstruieren Sie komplizierte Satzbauten und Aussagen, bewerten Sie Nebensätze, Einschübe, Erklärungen, Kommentare unterschiedlich. Achten Sie auf Stimmlage und Sprechmelodie. Sie entdecken so Ihre ganze Tonpalette für unterschiedlichste Stimmungen und Inhalte.

Mit Händen und Füßen

Akzentuierung des Inhalts

Akzente oder Betonungen im gesprochenen Satz sind wie Wegweiser für die Sprechmelodie. Sie entstehen auf den wichtigen Wörtern, die wir hervorheben wollen.

„Ich sage das jetzt nur einmal“, betont die erboste Kollegin, „Sie können nicht einfach von meinem Schreibtisch die Akten wegnehmen!“ – „Ich wollte Sie doch nur etwas entlasten“, meint die neue Sachbearbeiterin. – „Das lassen Sie gefälligst in Zukunft bleiben, mein ganzes Bearbeitungssystem kommt durcheinander.“

Wer sich so aufregen muss, hat nicht die Hände in den Taschen! Diese unterstützen und unterstreichen das Gesagte. Damit können wir heftige Betonungen setzen, die nur in Verbindung mit der Körpersprache so nachdrücklich möglich sind.

Übung:

Unbedingt als Sprechprobe aufnehmen.

Nehmen Sie sich einen beliebigen Text vor, lesen Sie ihn laut und

- *boxen Sie in die Luft;*
- *steigen Sie über Stühle;*
- *wippen Sie auf den Fußspitzen;*
- *machen Sie Schwimmbewegungen.*

Vermeiden Sie aber bewusst eine Rhythmisierung der Bewegung, die sich am Inhalt Ihres Textes orientiert. Das ist nicht ganz einfach, aber es verhindert, dass Sie bestimmten informativen Wörtern Nachdruck verleihen und somit eine Akzentuierung erzeugen. Diese ist zwar durchaus sinnvoll, aber wir wollen durch dieses Experiment zeigen, dass – unabhängig von unserem Wollen und Denken – durch Bewegung Akzente entstehen.

Die Aufgabe wird etwas einfacher, wenn Sie sich erst eine Weile bewegen und dann zu sprechen beginnen.

Eigentlich lässt sich vorhersagen, was passieren wird: Man kann bestimmten Bewegungen typische Sprechweisen zuordnen.

1. Gleichmäßige Bewegungen:

Sie beeinträchtigen die Sprechweise periodisch, z. B. beim Steigen oder während bestimmten Handgriffen beim Arbeiten. In der Stimme schlägt sich das in Form inhaltlich unmotivierter „Betonungen“ nieder. Ist eine Bewegungssteigerung die Ursache, dann steigt die Stimme in Tonhöhe und Lautstärke an, z. B. wenn sich der Sprechende schneller bewegt.

Die „Bewegungsursache“ kann auch außerhalb des Sprechenden liegen: Derselbe Effekt stellt sich ein, wenn ein Auto vorüberfährt oder ein Flugzeug vorbeifliegt.

Bewegungen, die hohe Aufmerksamkeit erfordern, führen unabhängig vom Inhalt zu Sprechpausen (z. B. beim Balancieren, Einfädeln eines Fadens).

2. Impulsive Bewegungen:

Sie werden häufig durch unerwartete Ereignisse hervorgerufen (z. B. etwas Stürzendes auffangen) und artikulieren sich in einem stimmlichen Impuls, d. h., die Stimme wird kurzzeitig lauter, höher, kräftiger und kehrt anschließend in die Normallage zurück.

3. Innere Bewegungen:

Innere Bewegungen haben häufig eine sehr starke emotionale Komponente (Aufregung, Panik, Betroffenheit), die sich auf die Anspannung der Bauchdecke und damit auf den Atemstrom auswirkt.

Durch die starke Anspannung der Bauchdecke kommt es zu Intensitätsmodulationen, d. h. sehr feinen, aber auch extremen Lautstärkeschwankungen. Im Falle leisen angespannten Sprechens kann man dabei sogar den Herzschlag des Sprechenden hören, man hat den Eindruck, „jemandem klopft das Herz bis zum Hals“ bei Angst, Furcht, übermäßiger Aufregung, Schock.

Im Fall eines inneren „Überdrucks“ kommt es zu eruptiven Äußerungsformen, typisches Merkmal von Wutausbrüchen und Flüchen.

Bewegung ist also hörbar.

Die Stimme überträgt Bewegung. Typische Bewegungen erzeugen typische Sprechweisen.

In einem späteren Beispiel werden wir erfahren, dass die Bedeutung des Gesagten nur dann klar ist, wenn die Körpersprache zugelassen wird. Das bedeutet eigentlich nichts anderes als Gesten zu machen, die im Einklang mit inhaltlichen Akzenten stehen. Nur wenn der Sprecher gestikuliert, d. h. Arme, Beine, Rumpf als unterstützende Ausdrucksmittel zu Hilfe nimmt, sieht der Zuhörer, was ihn bewegt. Akustisch ändert sich damit die Intensität, der Sprechende wird lauter, manchmal ändert sich auch die Dynamik, der Sprecher wird nachdrücklicher, schneller.

Denn im Normalfall nutzen wir diese Ausdrucksmittel unbewusst, der Stärke des inneren Bewegungsimpulses folgend. Diese Impulse sind umso stärker, je tiefer uns das Erlebte bewegt und beeindruckt. Entsprechend plastisch wird die Intensität, die Kraft unserer Stimme verändert.

Nehmen wir uns zum besseren Verständnis noch einmal unsere Beispielsätze aus dem Kapitel ‚Eindeutige Signale – Stimmlage und Bedeutung' vor:

Satz 1: „Ich habe Ihnen schon hundertmal gesagt, dass das so nicht geht. Das machen Sie doch nur, um mich zu ärgern!"

Wir untersuchen, welche Wörter besonders hervorgehoben, also betont werden, und was wir dabei tun. Melodieanhebungen finden sich bei folgenden Wörtern:

... <u>hundertmal</u> ... so <u>nicht geht</u> ... zu <u>ärgern</u>

Gehen wir weiter davon aus, dass der Sprechende uns gegenübersitzt und richtig schön in Fahrt ist. Typische Bewegungen sind:

„hundertmal": Vorbewegung des Rumpfes, evtl. Zurücknahme der Hände;
„nicht geht": Nachdrücken des Rumpfes nach vorn, evtl. anschließend leichtes Zurückfedern;
„zu ärgern": Vorschieben des Kopfes, besonders der Kinnpartie, evtl. deutliche Überspannung im Mundbereich.

Ich möchte auch hier wieder darauf hinweisen, dass das keine Verhaltens*vorschrift* bedeutet. Ausschlaggebend ist die Motivation des Sprechenden. Aber auch so viel kann gesagt werden: *Grundsätzlich andere* Bewegungsformen treten nicht auf. Wenn es sich wirklich um einen Vorwurf handelt, wird sich der Sprecher beispielsweise bei „hundertmal" nie bequem zurücklehnen und dabei lächeln oder bei „nicht geht" den Kopf in die Hände stützen.

Wir finden also bei den angegebenen Worten charakteristische Bewegungen, die uns die innere Bewegung, die treibenden Kräfte des Sprechenden vermitteln.

Untersuchen wir die Wörter, die mit diesen charakteristischen Bewegungen versehen werden, finden wir im Beispiel, dass es sich um

- Umstandswörter (Adverbien)
- Tätigkeitswörter (Verben)
  und, über das angeführte Beispiel hinaus, um
- persönliche Fürwörter (Personalpronomen)
  handelt. Dies sei an dieser Stelle lediglich registriert, es wird dem keine Bedeutung beigemessen.

Widmen wir unsere Aufmerksamkeit nun den „Wutausbrüchen". Melodieanhebungen finden sich bei

Satz 2: „Mist, verdammter! Ausgerechnet jetzt muss das passieren. Wenn ich den Kerl zwischen die Finger kriege!"

Charakteristische Bewegungen sind:

„Mist“: abrupte, schlagähnliche Bewegung, beispielsweise der Faust (Misslingen), des Rumpfes (beobachtetes Misslingen) oder des Fußes (aufstampfen, mehrfaches Misslingen);
„jetzt“: wie bei „Mist“, sehr starke mimische Reaktion, evtl. nach vorne geschleuderte Arme mit gespreizten Händen (unpassender Augenblick), oder angewinkelte Arme mit nach oben gespreizten Händen;
„Finger“: die Oberarme dicht am Körper, gekrallte Hände, zusammengepresste Fingerspitzen, verengte Augen, zusammengepresste Zähne.

In dieser Ausdruckskategorie finden wir die begleitenden Gebärden besonders stark ausgeprägt bei:

- Hauptwörtern (Substantiven)
- Eigenschaftswörtern (Adjektiven)

Der kritische Leser wird an dieser Stelle einwenden, dass in den Bewegungsmerkmalen auch mimische Komponenten aufgeführt wurden. Stimmt, sie beeinflussen, wie zuvor gezeigt, die Stimmmelodie. Und da bei den genannten Begriffen auch entsprechende Anhebungen zu finden sind, ist es zwangsläufig, dass auch das Gesicht „mitspricht“, also in die Dynamik der Körperausdrücke einbezogen werden muss.

Im dritten Beispiel, der Rechtfertigung, finden sich Melodieanhebungen in

Satz 3: „Ich habe damit überhaupt nichts zu tun. Ich hab' mir dabei nichts Schlimmes gedacht."

Typische begleitende Bewegungen sind:

„ich": zurücklehnen, Hände auf der Brust liegend, leicht hochgezogene Schultern oder leicht zur Seite gedrehter Kopf, hochgezogene Schultern oder nach vorne (zur Versöhnung) gestreckte, offene Hände;

„überhaupt": Zurückneigen des Kopfes, Anheben der Kinnspitze oder einseitiges Anheben der Schulter oder seitliches Anheben der angewinkelten Arme.

Die Wortarten, die durch Bewegung bzw. Körperausdruck unterstützt werden, sind hier:

- persönliche Fürwörter (Personalpronomen)
- Umstandswörter (Adverbien)

Aus diesen Beispielen lässt sich im wahrsten Sinn des Wortes ein „be-deut-sames" Element der Kommunikation ableiten: Akzentuierungen sind an Bewegung, besonders an Gestik gebunden. Die Gestik ist aber ein sachliches, „physisches" Ausdruckselement, wie wir bereits bei den Körpersprachen herausgefunden haben.

Also stellt die Akzentuierung eine „physische Vermittlungsebene“ dar, die der verbalen Äußerung Gewicht und Bewegung verleiht.

Gesten erzeugen Betonungen.

An dieser Stelle möchte ich noch einmal auf die Zusammenfassung des Kapitels ‚Eindeutige Signale – Stimmlage und Bedeutung‘ zurückkommen. Da hatte ich behauptet, dass die Vermittlungsebenen aus drei Komponenten bestehen:

a) **inhaltlich** durch Wortwahl, Satzaussage

b) **geistig** durch Logik, Argumentation

c) **empfindend** (wertend) durch Modulation (Mimik)

Nun möchte ich eine vierte Ausdrucksebene hinzufügen:

d) **physisch** durch Akzentuierung (Gestik) und Intensität (Lautstärke, Kraft)

Ursache für diese Zusammenhänge ist der Fakt, dass Modulation (Sprechmelodie) und Akzentuierung Folgeerscheinungen der Körpersprache sind.

Ein letztes Beispiel, das zeigen soll, dass wir die sprechbegleitende Geste nicht nur als Kommunikationshilfe für unseren Zuhörer brauchen, sondern auch für den

Sprechenden selbst. Sobald wir den Körperausdruck verhindern, stockt der Redefluss und die chronologische Abfolge der Ereignisse kommt durcheinander. Dieser Mangel verschwindet, sobald die Gestik (Hände, Arme) zugelassen wird. Es scheint so zu sein, dass die gedankliche Vorstellung, die in Form eines Bildes vorliegt, durch den Körper bzw. die körperliche Erfahrung in die richtige Reihenfolge gebracht wird. Der Körper vollzieht die Ereignisschritte nach, so, wie er daran beteiligt war.

Bittet man beispielsweise einen Kandidaten, der einem handwerklichen Beruf oder Hobby nachgeht, um die Schilderung seines letzten Projektes, dann kann man sehen, dass die Körpersprache genau zum Geschilderten passt. Er weiß, wie ein Hobel zu halten ist, zeigt, wie er gebohrt hat usw. Und wenn er sagt, dass er für seine Kinder kleine Stühle gebaut hat, sieht man deren Größe durch seine Gesten. Fragt man ihn aber nach einem geplanten, also noch nicht realisierten Projekt, dann wird deutlich, dass er damit keine körperliche Erfahrung hat. Er erzählt, wie er sich den passenden Tisch dazu vorstellt. Es gibt keine konkreten Gesten, die Hände rudern im Sinne wegwerfender oder verteilender Gesten. Aber plötzlich zeigt er präzise die Höhe des Tisches an, denn so einen hat er schon im Möbelhaus gesehen. Damit hat er ein genaues Bild.

Ein theoretisch orientierter Vortrag wird folglich – weil das Erleben und Begreifen fehlt – „erlebnisarm“. Das sind die Vorträge, in denen wir uns langweilen, weil sie monoton sind und nichts mit dem Leben zu tun haben.

Angeber oder Mäuschen

Haltung und Stimme

Übung:

möglichst aufnehmen

***Position 1**:*
Stellen Sie sich mit dem Rücken an die Wand, atmen Sie ein und summen Sie auf gleichbleibender Tonhöhe, bis Sie keine Luft mehr haben. Wiederholen Sie diese Übung etwa 10-mal.

Achten Sie darauf,
- *wie lange Sie den Ton zeitlich halten können,*
- *wie lange Sie Tonhöhe oder -farbe gleichbleibend halten können.*

Position 2:
Kauern Sie mit geschlossenen Beinen am Boden (Pakethaltung), atmen Sie ein und summen Sie auf gleichbleibender Tonhöhe wie beim Anlehnen an die Wand.

Wiederholen Sie auch diese Übung etwa 10-mal.
- *Wie lange können Sie nun den Ton halten?*
- *Was passiert mit der Tonhöhe?*

***Position 3**:*
Versuchen Sie nun kauernd die gleiche Länge, Tonhöhe und Tonfarbe zu halten wie beim Anlehnen. Nehmen Sie die angelehnte Haltung ein und verkürzen Sie auf die Tonlänge, die Sie in der kauernden Position hatten.

Die Gesamtdauer des Tons in der gekauerten Haltung ist beträchtlich kürzer als im Stand. Die Tonhöhe lässt sich nur schwer beibehalten, der Ton driftet rasch nach unten, ähnlich einem gedehnten Stöhnen. In Gruppenübungen tritt dieser Effekt noch stärker in Erscheinung: Im Kauern erweckt der akustische Raumeindruck Jammern und Stöhnen, wogegen im Stehen heitere, melodiöse, gesangliche Eindrücke entstehen.

Die Ursache dieser Erscheinung ist sehr leicht auszumachen: die Beeinträchtigung der Tiefatmung. Im Kauern wird die Bauchdecke so stark eingeklemmt, dass sich das Zwerchfell kaum noch bewegen kann. Tief- oder Vollatmung findet nicht mehr statt, dadurch reduziert sich das Luftvolumen.

Wenn man einen Ton in Intensität und Höhe halten will, bedarf es einer gleichmäßig dosierten Luftmenge, die durch die Stimmbänder im Kehlkopf strömt. Dazu muss der Atemstrom gestützt werden, d. h., beim Ausatmen wird mit der Spannung der Atmungsmuskulatur (Zwerchfell und Zwischenrippenmuskeln) die Luftströmung reguliert.

Im Stehen lässt sich das spüren – sofern Ihre Atmung hinreichend „natürlich“ ist. Legen Sie die Handflächen auf die Bauchdecke: Husten Sie einmal; seufzen Sie; hecheln Sie wie ein Hund; schluchzen Sie; lachen Sie – und Sie merken, wie sich die Bauchdecke bei der Zwerchfellatmung bewegt.

Zurück zur Übung: In der Kauerhaltung haben wir zum einen ein geringes Atemvolumen und zum anderen kann sich die Bauchdecke nicht bewegen. Folglich lässt sich auch die Tonhöhe und Tonfarbe nicht gleichbleibend halten, wie im Stehen. Da der innere Luftdruck unmittelbar nach dem Einatmen am größten ist, wird der artikulierte Ton laut und relativ hoch einsetzen und mit schnell fallendem Druck leiser und tiefer werden. Diesen Ablauf kann man mit einem aufgeblasenen Luftballon vergleichen, aus dem die Luft entweichen kann.

Beim Seufzen oder Stöhnen stellt sich derselbe Ablauf auch in aufgerichteten Körperhaltungen ein, weil das Gewicht der Muskelpartien von Bauchdecke, Brustmuskeln, Rückenmuskeln auf die Atmung „drückt“, d. h., wir aktivieren keine Gegenkräfte zur Aufrechthaltung des Rumpfes.

Dass Anspannung und Belastung (auch psychische Belastung) vermittelt werden, wird klar, wenn Sie beim Tragen eines schweren Koffers zu sprechen versuchen. Oder denken Sie an den Radio-Sportreporter, der ein Endspiel so packend kommentiert, dass sich die Spannung des Geschehens auf den Zuhörer überträgt.

Typische Klangunterschiede können über drei Faktoren vermittelt werden:

1. Die Körperhaltung

Abgesehen von kommunikativen Haltungen, die in den Körpersprachen beschrieben wurden, können krankheits- oder befindlichkeitsbedingte Haltungen oder Haltungsfehler auftreten (Bauchschmerzen, Hexenschuss, anatomische Besonderheiten). Auch psychische Zustände führen – wenigstens vorübergehend – zu typischen Körperhaltungen (Müdigkeit, Erschöpfung, Hektik, Unternehmungslust).

Berufsbedingte Haltungsfehler, z. B. Rundrücken durch ständige sitzende Tätigkeit, Hohlkreuz durch Bewegungsmangel und vieles mehr, manifestieren sich ebenfalls im Sprechen. Stimmlich äußern sich diese Einflüsse durch leises, häufig monotones Sprechen oder, im Falle der Überspannung des Körpers, lautes, überspanntes, gelegentlich schrilles Sprechen.

2. Belastungen

Belastungen in Form von Kraftaufwand, schwer heben, schieben, können körperlicher Natur sein, aber auch seelischer Art mit der Folge von typischen Körperhaltungen: Trauer, Schuld, schlechtes Gewissen, Resignation, letztere ist der Müdigkeit sehr ähnlich.

Die Stimme macht dann einen ton- und farblosen Eindruck, es treten häufig Lamento-Bögen auf, wie wir sie aus der Kauerstellung kennen, das Grundmuster der verbalen Äußerung läuft immer auf Stöhnen, Klagen, Jammern hinaus. Die seelische Belastung „drückt“ über das Zentralnervensystem (Solarplexus, „Sonnengeflecht“) auf die Atmung.

3. Verkrampfungen

Dafür gibt es viele Auslöser. Von Überforderungen und Ängsten bis zu nervösen oder psychisch bedingten Ursachen. Auch geistige Verspannungen können dazugehören.

Ein einheitliches Sprechbild ergibt sich hier nicht, weil es vom Sitz der Verkrampfung abhängt. Überhauchtes Sprechen, überhöhte Stimmlage (Kinderstimmen von Erwachsenen), eruptives Sprechen, aber auch Sprechfehler wie Stammeln oder Stottern können Ausdruck von Verspannungen sein.

Hinsichtlich der Stimmlage hatten wir ja schon herausgefunden, dass sie im Wesentlichen mit der Mimik verbunden ist. Zu den hier beschriebenen Körperhaltungen und ihren Ursachen gehören auch korrespondierende mimische Ausdrücke. Wieder findet man die Wirkungskette,

- dass entweder die **Bewertung** des inneren oder äußeren Zustandes eine **mimische Reaktion** erzeugt, die durch den Körper (Physis) verstärkt wird und letztlich das gesamte Ausdrucksspektrum fixiert, oder

- dass die äußere Anregung unsere **Stimmungslage** verändert, sodass sich der Körper dieser Stimmungslage anpasst, sie adaptiert.

Hier kann noch einmal das Beispiel eines hinter einer Pinnwand stehenden Vorlesers Klarheit bringen. Er hat die Aufgabe, mehrmals hintereinander identische Textstellen vorzulesen. Zunächst verändert er seine Haltung: Er kauert, steht dann mit hochgereckten Armen auf den Fußspitzen, verschränkt danach Arme und Beine, steht zuletzt vorgebeugt.

Auch hier beurteilen die Zuhörer sehr treffend die unterschiedlichen Merkmale der Vermittlung. Das Kauern wird häufig als traurig und niedergeschlagen, ja sogar jammernd bezeichnet, die überdehnte Körperhaltung als aufgehängt und gestreckt. Sind Arme und Beine verschränkt, wird das Sprechen als „von innen heraus“ empfunden. Und wenn er nach vorn gebeugt steht, klingt die Stimme dunkel und die Empfindung der Zuhörer wird als „belastet“ charakterisiert.

Aus diesem Sachverhalt müssen wir lernen, dass die Stimme neben den bereits beschriebenen Körperartikulationen Mimik und Gestik auch die Körperhaltung überträgt.

Die Körperhaltung prägt den Grundton.

Und damit gibt es eine fünfte Komponente, die unsere verbale Vermittlung prägt:

a) inhaltlich durch Wortwahl, Satzaussage
b) geistig durch Logik, Argumentation
c) empfindend (wertend) durch Modulation (Mimik)
d) physisch durch Akzentuierung (Gestik) und Intensität (Lautstärke, Kraft)
e) Körper-**Haltung** mit den Ursachen, wie sie aus dem Buch Körpersprachen bekannt sind
f) **Anspannung und Belastung**, die von außen oder innen kommen

Man findet den gesamten körpersprachlichen Bereich repräsentiert, ergänzt um unsere geistigen Fähigkeiten des Denkens und Lernens. Da sich der körpersprachliche Bereich so eindeutig niederschlägt und für den Außenstehenden hörbar ist, liegt die Vermutung nahe, dass Sprechen auf der Grundlage von Körpersprachen stattfindet.

Körpersprache ist ohne Worte verständlich, aber Worte ohne Körperausdruck sind beliebig interpretierbar.

Es ist sowohl faszinierend als auch erschreckend zu sehen, wie präzise die menschlichen Ausdruckselemente ineinandergreifen, wie kleine Ursachen große Wirkungen haben können. In der Tierwelt finden wir ganz ähnliche Verhaltens- bzw. Kommunikationsformen. Hunde- und Katzenbesitzer sehen und hören, wie ihren Lieblingen zumute ist. Natürlich ist das Ausdrucksrepertoire zum einen anders, zum anderen ist es nicht so vielfältig wie das des Menschen. Es ist eine Frage der Beobachtung, dahinterzukommen, wie andere Lebewesen kommunizieren. Konrad Lorenz hat es vorgemacht und mit eindrücklichen Beispielen gezeigt, wie Kommunikation in der Biologie verankert ist.

Was wollen Sie damit sagen?

Sprache ohne Körpersprache

Machen wir ein kleines Experiment zur Bedeutung der Gestik. Bitten Sie einen Freund, von seinem letzten Urlaub zu erzählen, aber dabei jede körperliche Regung zu unterlassen. Am besten setzt er sich auf die Hände, drückt den Rücken und den Kopf gegen die Lehne oder die Wand und hält die Beine still. Zeitliche oder inhaltliche Einschränkungen gibt es nicht. Dann erleben Sie, dass er richtig Mühe hat, simple Ferienerlebnisse zu schildern. Im Einzelnen fällt auf,

- dass es sich um eine auffallend monotone Sprechweise handelt;
- dass der Erzähler ungewöhnliche Formulierungen verwendet, also nicht umgangssprachlich formuliert;
- dass die Chronologie, der Ablauf der Erzählung nicht ohne Weiteres erkennbar ist;
- dass die Pointe, die Bedeutung des Erzählten, für den Erzähler nicht eindeutig vermittelt wird.

Dann soll er einfach noch einmal erzählen und darf jetzt alles machen, was er will. Er erzählt jetzt wie normalerweise auch mit „Händen und Füßen“. Unter anderem werden Sie bemerken:

- Die Geschichte gewinnt jetzt Details, die in der vorangegangenen Schilderung nicht enthalten waren.
- Sie wird in den Formulierungen griffiger, sprachlich fließender und präziser.
- Abfolgelogik und Chronologie der Ereignisse sind offenbar kein Problem mehr.
- Die Bewertung des Erzählers wird hörbar; was schätzt er als wichtig ein. Jetzt ist wieder Platz für Emotionen und wir hören Pointen und Betroffenheit, so, wie sie vom Erzähler empfunden wurden, man erfährt, was es für ihn bedeutete.

Zum Experiment gehört jetzt ein dritter Durchgang: Der Erzähler muss seine Geschichte wieder erzählen. Wie beim ersten Mal muss er noch einmal jede Bewegung unterlassen. Man sollte nun erwarten, dass sich eine Erzählung einstellt, die weitgehend so ausfällt wie die zweite Fassung, weil der Sprechende die Geschichte beim dritten Mal fast auswendig kennt. Und jetzt kommt die Überraschung: Der Erzähler ist genauso hilflos wie in der ersten Variante.

- Es stellen sich dieselben Mängel ein wie beim ersten Mal. Der Ablauf kommt durcheinander.
- Die Formulierungen klingen wie aus einem Polizeiprotokoll.
- Der Ton ist wieder desinteressiert und monoton.
- Wortfindungsschwierigkeiten sind wieder da.
- Und wir Zuhörer wissen wieder nicht, was das Wichtigste war.

Viele Erzähler unterbrechen in diesen Experimenten ihre Schilderung und beklagen, dass sie nicht mehr wissen, wo sie sich in ihrer Geschichte befinden. „Hab' ich das schon gesagt?“ – „Wie war das noch mal?“ Solche und ähnliche Formulierungen zeigen die ganze Verwirrung.

Das heißt aber doch, dass die „sprechbegleitende Gestik“ nicht nur der bewussten Vermittlung nach außen, im Sinne einer Illustration dient, sondern dass sie einen erheblichen Einfluss auf die Denkabläufe des Sprechenden hat.

Wir brauchen Bewegung, um den Gedankenfluss anzuregen.

Der Erzähler braucht seine Gesten bzw. seinen Körperausdruck, um sich in seiner Vorstellung zu orientieren. Sucht er nach Worten oder muss er nachdenken, weil ein Sachverhalt nicht präsent ist, stockt auch sofort die Bewegung. An der „gedanklichen Bruchstelle“ treten auch rhythmische Bewegungen auf. „Inneren Anlauf nehmen“, „sich in Schwung bringen“ nennen wir das. Die Verhaltensforschung hat gezeigt, dass die Hirnströme langsamer verlaufen, wenn wir Bewegungen aller Art verhindern. Daher auch der heftige Bewegungsdrang, wenn uns ein Name, ein Begriff nicht einfällt. Wir schütteln eine Hand, machen heftige Armbewegungen nach unten, schlagen auf die Oberschenkel oder nach oben an die Stirn.

Auffällig ist, dass sich körperlich Erlebtes sehr präzise in Bewegung umsetzt. In seiner Wirkung nach außen bedeutet das, dass der Körpereinsatz beim Sprechen ein Indiz für die Echtheit des geschilderten Vorgangs ist, also für die Glaubwürdigkeit. Sie erinnern sich an den „Lügendetektor“ im ersten Teil. Hier stimmt die Gestik nur, wenn wir Bilder dazu haben.

Einerseits wirken Gesten auf das Denkvermögen des Sprechenden, andererseits auch auf die Zuhörer, die mit Gestik den Inhalt klarer verstehen. Ein Vorstand einer großen Bank wollte seine Auftritte optimieren. Er musste meist nach Manuskript reden, um juristisch korrekt zu bleiben. Er war bereit, die Betonungslogik zu üben, die natürliche Satzmelodie anstatt des Lesetons einzusetzen, er lernte auch sehr gut, immer wieder ins Publikum zu schauen. Und dann war Ende. Jetzt fehlte ihm noch das, was wirklich Charisma ausmacht – doch das geht auch bei der Manuskriptrede. Alles Bisherige wie Betonung, Pausen, Ton waren hörergerechte Techniken gewesen. Jetzt ging es um die Vermittlung minimaler Emotionen – minimal, weil es informative Vorträge waren. Dieses Minimum fordern alle Zuhörer von einem Redner, er muss zeigen, wie er zu der Sache steht: Interessiert es ihn, findet er es wichtig. Menschen können als Hörer nichts aufnehmen, was rein sachlich vorgetragen wird. Dieses Minimum an Emotion wird durch die Körpersprache vermittelt und, wie wir bereits wissen, im Ton umgesetzt. Der Vorstand war nicht bereit, auch nur die kleinste Geste einzusetzen oder den Blick etwas offener, freundlicher zu halten, auch die Veränderung der Körperhaltung wollte er nicht einsetzen – das war nach seiner Auffassung „affig“. Damit blieb er hinter seinem

Rednerpult stehen, schaute ernst ins Publikum, klammerte sich mit beiden Händen ans Pult und war ein perfekter Sprechautomat. So konnte er sein Publikum nicht erreichen, deshalb endete hier auch das Coaching.

Wir wissen schon, dass die Körpersprache den Wortinhalt unterstützt. Aus unserem Experiment, dem Sprechen mit und ohne Gestik ist aber jetzt auch klar, dass das eindeutige Verstandenwerden von der Gestik und der ganzen Körpersprache abhängt.

Sie erinnern sich: Die Zuhörer konnten ohne Gestik das Wesentliche der Geschichte nicht finden, also keinen Höhepunkt eindeutig entdecken. Bevor wir von unseren Zuhörern missverstanden werden, ist es sinnvoll, die Eindeutigkeit der Gesten einzusetzen.

Sprache muss durch Körpersprache präzisiert werden.

Das regelt sich

Situationswirkungen

Körpersprachen verstehen, heißt auch, die Auswirkung von verschiedenen Situationen auf das Verhalten zu berücksichtigen. Wir wissen schon, dass durch Belastung oder eine gekrümmte Haltung ein anderer Ton entsteht. Dass sich aber auch Außenbedingungen – also der Rahmen, in dem zum Beispiel eine Rede stattfindet – auf die Körpersprache und damit in irgendeiner Weise auch auf Ton und Inhalt auswirken, muss mit einbezogen werden.

Ein kleiner Versuch kann dies zeigen: Ein Seminarteilnehmer wird aufgefordert, vor Publikum eine kurze, spontane Rede zu halten.

1. Zunächst soll er auf einem Stuhl hinter dem Tisch Platz nehmen.
2. Im zweiten Durchgang wird der Kandidat gebeten, hinter dem Tisch stehend zu sprechen.
3. Und zuletzt soll er frei vor dem Tisch stehend seine kleine Rede halten. Thema und Inhalt sollen gleich, aber nicht unbedingt identisch sein.

Die Zuhörer sollen beurteilen, was sich in den einzelnen Varianten ändert. Dabei werden folgende Auffälligkeiten registriert:

Zu 1.: hinter dem Tisch sitzend

- die zeitlich längste Variante
- die inhaltlich unpräziseste Rede (Gelaber, Geschwätz)
- der Ton ist gelangweilt

Zu 2.: stehend, hinter dem Tisch

- die Rede wird kürzer
- die Betonungen werden präziser

Zu 3.: freistehend

- die kürzeste und präziseste Version
- die kreativste Variante
- es entsteht ein bestimmter, kompetenter Ton

Natürlich wird jeder Redner kürzer, wenn er eine Rede dreimal halten muss. Aber wenn man die Reihenfolge umdreht, d. h., man beginnt freistehend und hört im Sitzen hinter dem Tisch auf, dann ist wieder die Rede im freien Stehen die kürzeste; die Beurteilung der Zuhörer ist beinahe identisch mit der des ersten Durchgangs. An der inhaltlichen Wiederholung kann es also nicht liegen.

Nach eigenen Eindrücken befragt, äußern die Redner, dass sie das **freistehende Sprechen** als sehr unangenehm empfinden. Vergegenwärtigen wir uns die Situation:

- Einer alleine vor vielen, ziemlich unbekannten Menschen
- Freund und Feind sind nicht so einfach zu unterscheiden
- man ist ungeschützt Blicken ausgeliefert

- verbale Angriffe sind möglich
- eigene körperliche Befindlichkeiten, „Schwächen“ sind ungeschützt zu sehen

Diese Situation weckt Ängste und Befürchtungen und das wirkt sich hörbar auf den Ton aus. Die Stimme wird dünner und die Rede klingt unsicher. Diese Situation aktiviert aber auch Fluchtmechanismen: „Nichts wie weg hier!“ Dieser Fluchtreflex ist ganz natürlich, solange der Betroffene die Situation nicht beherrscht, etwa weil er unangreifbar ist, zum Beispiel als Chef. Die Ängste entfallen auch, wenn er sein Publikum bestens kennt, also in der Familie, im Freundeskreis oder mit den engsten Mitarbeitern. Dann gibt es noch den Fall, dass jemand bewusst eine Auseinandersetzung herbeiführen will, den Kampf sucht. Und natürlich kommt es auch vor, dass Vortragende die Leidensfähigkeit eines Missionars besitzen wie Politiker und Geistliche.

Die unterbewussten Fluchtreaktionen aktivieren das Zusammenspiel von Körper und Geist, damit die Aufgabe in kürzester Zeit hinreichend gelöst werden kann. Das heißt nicht unbedingt qualitativ hochwertig und ausgefeilt, denn das würde ja Zeit kosten. Und um keinen Preis will der Redner länger als nötig vorne stehen. Nun wird auch verständlich, warum die freistehende Variante von den Zuhörern als die kreativste empfunden wird: Im Bestreben um eine optimale Verkürzung der unangenehmen Position nutzt der Betroffene alle ihm zur Verfügung stehenden Mittel verbaler Äußerungen, eben auch Wortschöpfungen,

Assoziationen und außergewöhnliche Formulierungen völlig „automatisch".

Hinter dem Tisch sitzend dagegen, fühlt sich der Redner geschützt. Darüber hinaus ist Sitzen eine sehr bequeme, ausdauernde Körperhaltung. Zeit wird somit nicht zu einem Kriterium des Redens; dies fördert die „epische Breite". Dann gibt es aber noch die Folgen der durch den Körperknick beeinträchtigten Atmung. Die Bauchdecke wird durch vornüber gebeugtes Sitzen behindert. Diese Einschränkung einer guten Durchatmung führt zur Kurzatmigkeit, mit der keine langen Sätze gesprochen werden können. Der Mensch beginnt, „reihend" zu sprechen, d. h., er hängt eine ganze Kette einzelner Aussagen und Sinnzusammenhänge in einer Aufzählung aneinander, obwohl sie untereinander möglicherweise gar keinen unmittelbaren Zusammenhang haben. Am Ende jedes Sprechabschnitts, der nicht durch den Inhalt, sondern durch die Atmung beschränkt wird, hebt er die Stimme an, weil er signalisieren will, dass er weitersprechen wird. Ein weiterer Grund für dieses reihende Sprechen liegt im Faktor Zeit. Bei der Spontanrede entsteht im Kopf die Auswahl dessen, was der Redner sagen will. Hat er viel Zeit, hören wir ständig die innere Frage: „Was sag ich noch?" Er selektiert sein Wissen in Bezug auf die Zuhörer und das erzeugt einen Frageton, der genau diesem langweiligen Aneinanderreihen von Gedanken entspricht.

Wenn man einmal mitzählt, wie oft der Redner einen Punkt macht, also die Stimme senkt, kommt man selten über drei hörbare Punkte in vier Minuten Sprechzeit. Das entspricht immerhin einem Umfang von etwa eineinhalb DIN-A4-Seiten bei einer 12-Punkt-Schrift mit dem Zeilenabstand 1,0. Das ist für das Verstehen sehr schlecht, denn als Hörer brauchen wir kurze Sinneinheiten, um alles verarbeiten zu können.

Die spontane Rede im Sitzen ist nicht sehr ausgefeilt in der Wortwahl – auch dies ist ein typisches Erscheinungsmerkmal. Das hat mit dem Intellekt des Redners wenig zu tun, maßgeblich ist die Vertrautheit mit dieser Situation. Der Redner wiederholt sich, erklärt, erläutert eigene Aussagen, schiebt Informationen nach, kommt gelegentlich vom Thema ab und findet das Ende nur durch Abbrechen seiner Rede mit einem „akustischen Punkt“ wie „... ja und ... ja, das war's“. Die Zuhörer bezeichnen diese Art zu sprechen als Geschwätz, Geschwafel, Gelaber und ihre Aufmerksamkeit ist entsprechend gering.

Wenn der Redner **hinter dem Tisch steht**, lässt sofort die reihende Redeweise nach. Die Atmung ist durch die Streckung des Körpers frei, dadurch gibt es mehr Luft, der Luftstrom kann besser dosiert werden. Der Redner nutzt die Wirkung von Pausen und Zäsuren, dadurch kommen seine Intentionen besser zum Ausdruck, die Ansprache an die Zuhörer wird konkreter. Das teilweise Ausgestelltsein des Oberkörpers verursacht aber auch leichtes Unbehagen mit der Folge einer inhaltlichen Straffung.

Bei Ungeübten kommt es häufig vor, dass freies Stehen zu Atemnot führt, obwohl die Atmung nicht nachteilig durch die Haltung beeinträchtigt wird. Es sind die oben beschriebenen Ängste, Versagensangst, die den Kandidaten die Kehlen zuschnüren.

Aus diesen Beispielen möchte ich eine Reihe von Schlussfolgerungen ziehen, um zu zeigen, wie man solche Verhaltensmuster sinnvoll einsetzen kann.

1. Diskussionsbeiträge sollten stehend vorgetragen werden, keinesfalls im Sitzen. Das spart, wie gezeigt, Zeit und dient der Klarheit. Es hält Redner ab, die zur Sache nichts beizutragen haben.
2. Lange Reden, wie politische Reden, sollten freistehend gehalten werden. Die Redner würden sich kurzfassen und präzisere Formulierungen benutzen. Das Publikum hätte bei einem freistehenden Redner auch die Chance zu sehen, wie sicher und überzeugt er ist.
3. Andererseits: In einer Gesprächsrunde, in der sich die Teilnehmer noch nicht kennen, können Reden im freien Stehen jedoch vorzeitige Rollenverteilungen provozieren und vorhandene Sprechängste verstärken. Wenigstens während der Kennenlern-Phase sollte jeder Teilnehmer seinen „Schutzwall“ behalten. Dieser schützt ja nicht nur den Redner vor dem Publikum, sondern auch die Zuhörer vor dem Redner!

Präsentation

Mit „situationsabhängigem Sprechen“ wird ein Kommunikationsfeld beschritten, in dem das Sprechen bestimmten profitablen Zielen dient. Mit dem Sprechen werden Botschaften, Nachrichten, Überzeugungen vermittelt, Wissen, Erfahrungen, Erinnerungen, Spekulationen transportiert. Es handelt sich folglich um die Präsentation von Inhalten, die sich nicht nur an der Situation, sondern auch an der Zielgruppe orientiert. Bekanntestes Beispiel: die Werbung.

Die Präsentation ist im Grunde genommen ein natürlicher Kommunikationsvorgang, der sich am Beispiel Biene–Blume erläutern lässt: Die Blume präsentiert sich durch Form, Farbe, Duft so, dass das Insekt darauf aufmerksam wird und die Blume anfliegt. Das Nahrungsangebot sorgt dafür, dass diese „Abweichung von der Flugbahn“ belohnt wird – also ein „Profit“ für das Insekt. Aber auch die Blume profitiert, weil der Insektenbesuch der Bestäubung dient und somit der Arterhaltung der Blume. Abstrakt formuliert:

Präsentation ist ein Kommunikationsprozess, in dem der Anbieter durch *Gestaltung* der Information dafür sorgt, dass die Zielgruppe ihr Verhalten zugunsten des Anbieters ändert.

Es geht nicht mehr um die reine *Übermittlung* von Informationen, sondern um die *Gestaltung* von Information, die der Übermittlung oder Vermittlung vorgeschaltet wird. Diese Gestaltung ist naturgemäß situationsbedingt.

Stellen Sie sich vor, Sie müssten Ihre Lieblingslimonade anpreisen.

- Wie würden Sie das im Gespräch mit einem engen Verwandten tun?
- Was müssten Sie berücksichtigen, wenn Sie es in Form eines Zeitungsartikels vermitteln wollten?
- Was, wenn Sie einen Fernsehfilm darüber drehen wollten?
- Was, wenn Sie dafür drei Minuten Zeit im Rundfunk bekämen?

Die einzelnen Medien lassen nur eine eingeschränkte Informationsvielfalt, einen eingeschränkten Bereich sinnlicher Wahrnehmungen zu. Im Vergleich zum Zwiegespräch bewirken sie Informationsverluste, die – in den gewählten Beispielen – durch entsprechende Verbalisierung oder Bildgestaltung kompensiert werden. Die Präsentationsform wird also vom Medium abhängig.

Außerdem geht es auch um die Empfängerperspektive verschiedener Zielgruppen. Berücksichtigt man statt verschiedener Medien verschiedene Präsentationsziele, z. B. einen Prüfungsvortrag, die Schilderung von Reiseerlebnissen vor Senioren oder eine Verhandlung, dann müssen sich auch hier die Präsentationsformen unterscheiden, sowohl im Aufbau des Inhalts, also der Dramaturgie, als auch in Wortwahl und Verhalten. Ausschlaggebend ist nicht alleine das Medium, sondern auch die Zielgruppe.

Präsentationen und Reden sind immer eine Multi-Kanal-Sendung. Der Präsentierende sendet möglichst eindringliche Botschaften, anschauliche Bilder, verpackt alles in eine zielgruppengerechte Sprache, um sein Publikum zu erreichen. Auch seine Person, seine Persönlichkeit spricht ununterbrochen mit: über den Ton und die Körpersprache.

Aus dem Publikum kommen Geräusche, Blicke, Bewegungen etc., was den Redner wieder beeinflusst. Seine Zielgruppe wirkt also an der Präsentation mit. Die Menge der verbalen und nonverbalen Botschaften von beiden Seiten ist verwirrend groß, wie in der Grafik gezeigt wird. Auch das ist ein Grund, warum wir uns gern auf die evaluierbare verbale Aussage beschränken.

Die vielfältigen Ansprüche, die die heutige Zivilisation an die kommunikativen Fähigkeiten des Menschen stellt, überfordern uns gelegentlich. Wir können uns bezüglich Motivation, Medium, Anlass, Gesprächspartner zeitlich gar nicht mehr so schnell um- und einstellen, wie das manchmal erforderlich ist. Hinzu kommt, dass der Mensch in den vergangenen Jahrzehnten durch den raschen Wissenszuwachs immer stärker „rationalisiert" wurde, d. h., Kopfarbeit wurde zu Lasten des Körperbewusstseins gefördert. Damit will ich nicht behaupten, dass intellektuelle Entwicklung nachteilig sei; nachteilig ist, dass dabei die Körperartikulation immer weniger Berücksichtigung findet. Ein Effekt, der uns hinsichtlich der zunehmenden Nachfrage nach körperlicher Betätigung in der Freizeit zu denken geben sollte. Denn offenbar wird dieses Defizit

Informationsfluss im Vortrag

↓ 😐 ↑

Redner sendet:

Sprache
Haltung
Bewegung
Befindlichkeit
Gleichgültigkeit
Bilder

↓

Publikum empfängt:

Töne, Klang ☺😐😐☹☺
Geräusche

Bilder ☺☺☺☹😐

Stimmung ☹☺😐😐☹

Aussagen: ☹☺☺☹

- Bericht
Bewegung
- Sensation
- Nachricht, Mitteilung
- Kommentar

Redner empfängt:

Geräusche
Interesse
Störung

Zustimmung
Fragen

↑

Publikum sendet:

Haltung

Blicke

Sprache

zwar als solches empfunden, aber anders abgebaut als den Kommunikationszielen förderlich.

Vielfach muss situationsbedingte Kommunikation erlernt, besser: wiedererlernt werden. Um gezielte Hilfe bieten zu können, müssen Standardsituationen ausgesucht und auf ihre Besonderheiten untersucht werden. Das Spektrum reicht vom klassischen Vortrag über innerbetriebliche Kommunikation bis zu Auftritten vor Mikrofon und Kamera.

Sprechhemmungen vor Mikrofon und Kamera, befangene Bewegungen im Bild – die Ursachen für beides finden sich in den zu Beginn dieses Kapitels beschriebenen „Urängsten“: Man kommt sich beobachtet, in seinem Sprechen überwacht vor. Was ich getan und gesagt habe, lässt sich – vor allem die Schwächen! – beliebig oft reproduzieren. In Hörfunk und Fernsehen wird man zum Beispiel Menschen ausgesetzt, die man nicht sieht, hört, riecht, die im Augenblick meiner Aktion nicht anwesend sind und dennoch urteilen – Gründe genug für Unsicherheiten und Hemmungen.

Wie oben bereits angedeutet, muss jede dieser Situationen darauf untersucht werden, was sie von der normalen zwischenmenschlichen Kommunikation unterscheidet, wo Qualitäten verloren, andere neu gewonnen werden. Dazu gibt es erste Lehr- und Lernkonzepte, die sich der Grundlagen von Verhaltensforschung, Sprechwissenschaften und Linguistik bedienen, um spezifische Präsentationsformen zu vermitteln.

Diese Konzepte können nicht mehr auf Rezepturen oder den üblichen rhetorischen Trainingsverfahren beruhen. Nur ein individuelles Vorgehen, das die vorhandenen kommunikativen Fähigkeiten eines Redners bewusstmacht, ist zielführend. Diese Fähigkeiten müssen entsprechend den beruflichen Anforderungen angepasst und entwickelt werden, damit der Betroffene auch bei einschränkenden Bedingungen seine ganze Persönlichkeit in den Kommunikationsprozess einbringen kann. Präsentationsschulung wird somit gleichbedeutend mit Persönlichkeitsentfaltung.

Wir sind wieder am Anfang unserer Suche nach der Bedeutung von Köpersprache für die Kommunikation: Was macht sie mit dem Sprechenden, seiner Wirkung, dem Ton? Wie und wovon wird das Kommunikationsverhalten beeinflusst? Und wie wird der Inhalt verstanden? Wovon ist eindeutiges Verstehen abhängig?

Körpersprache verstehen heißt mehr, als nur einzelne Verhaltensweisen deuten zu können. Aber damit fängt es an, dann kommen Ursachen und Hintergründe dazu und wir „verstehen", warum eine Person so agiert. An der Körpersprache können wir zuverlässig Emotionen ablesen, also lesen, wie der Inhalt gemeint war. Und das sagt mehr als die Worte, denn – Körpersprachen lügen nicht.

Körperausdruck und kein Ende

Bislang haben wir uns mit den Ursachen befasst, die Körperausdrücke auslösen, mit den Merkmalen, Motiven und Wirkungen des Sprechens. Es steht eine Frage im Raum, die bisher beharrlich ausgeklammert blieb, aber mit wachsendem Wissen immer dringender auf Antwort wartet: Wie reagiere ich denn auf Körperausdrücke bzw. bestimmte Verhaltensmuster?

Dieser Frage möchte, muss ich mich entziehen, da vermutlich ein Menschenleben nicht ausreichen wird, um die Vielzahl möglicher Verhaltensvarianten, geschweige denn die Unzahl möglicher Reaktionen aufzuzeigen. Ich halte das im Übrigen für völlig unnötig. Ich versuchte zu zeigen, dass wir alles, was an Kommunikation nötig ist, in uns tragen; dass es eigentlich nichts zu lernen gibt, außer dem Umgang mit unseren Fähigkeiten. Es ist nicht nötig, „Antworten" zu lernen, weil unser Körper die richtigen Antworten bzw. Reaktionen von alleine gibt, *wenn wir ihn nur lassen.* Wie oft kommt es im Alltag vor, dass wir nach dem Prinzip handeln: „Gib nichts auf den ersten Eindruck!" Dann verdrängen wir diesen und finden nach etwas längerer Zeit und möglicherweise leidvollen Erfahrungen aber genau zu diesem Urteil zurück. Was hätte man sich – und anderen – nicht alles ersparen können, wenn wir die ersten körperlichen Reaktionen mehr beachtet hätten?

Ein Buch über die kommunikativen Fähigkeiten unseres Körpers muss in irgendeiner Form unvollkommen bleiben, Fragen offenlassen. Unsere Schriftsprache reicht nicht aus, das unmissverständlich auszudrücken, was Körper und Stimme an Differenzierungsvermögen besitzen. Dieses Defizit kann der interessierte Leser durch aufmerksames Beobachten seiner Person und seiner Umgebung, durch Erfahrungen, durch Imitation, mithilfe des Durchspielens möglicher Verhaltensvarianten selbst herausfinden.

In Ermangelung von Verhaltensstereotypen lässt uns die Natur einen riesigen Spielraum: Im Verhalten gibt es kein „richtig" und kein „falsch". Nur die Wirkung des Verhaltens kann anders sein als beabsichtigt. Tritt der Autofahrer in einer Gefahrensituation aufs Gas anstatt auf die Bremse, können die Folgen fatal sein. Es sind aber Fälle vorstellbar und bekannt, in denen dieses, in der Regel als „falsch" bezeichnete Verhalten lebensrettend ist. Warum auch immer der Betroffene so reagiert, es sind stets innere oder äußere Anlässe für das Verhalten vorhanden, sei es, dass er die Situation falsch eingeschätzt hat, sei es, dass er noch nicht genügend trainiert ist, sei es, dass er seine einzige Chance richtig erkannt hat.

Konflikte mit dem Kopf sind dabei durchaus an der Tagesordnung. Natürlich hat der Betroffene *gewusst*, dass er hätte bremsen müssen. Häufig ist es fehlendes Körperbewusstsein, das ein Fehlverhalten auslöst. Die Kommunikation zwischen Kopf und Körper funktioniert dann nicht, wenn man alleine auf den klugen Kopf vertraut.

Eine solche Einstellung zu Geist und Körper ist nicht naturgegeben. Hier spielt die Erziehung eine maßgebliche Rolle. Was will man aber von einer körperfeindlichen Zivilisation, wie der unseren, erwarten, in der Nacktheit noch als anstößig empfunden wird, in der Aufklärung ein unbewältigtes Problem der Erziehung ist.

Die Verhaltensforschung kennt Experimente, die besagen, dass unsere Wahrnehmungsfähigkeit von der Reizvielfalt geprägt wird, mit denen unsere Sinnesorgane während ihrer Entwicklung konfrontiert werden. Diese Wahrnehmungsfähigkeit legt die späteren Sinnesleistungen fest. Wenn die Wahrnehmungsfähigkeit nicht ausgeprägt wird, kann im betroffenen Sinnesorgan nicht „nachentwickelt" oder gelernt, sondern bestenfalls partiell von anderen Sinnesorganen kompensiert werden. Das bedingt z. B. den Unterschied im Verhalten von Menschen, die blind geboren sind, und solchen, die spät erblinden.

Inzwischen kennen wir die architektonischen Sünden sogenannter Trabantenstädte, obwohl die Konsequenzen im Verhalten der Bewohner nur zögernd wahrgenommen werden. Säuglinge wachsen in einer Umgebung mit einer eingeschränkten Formen-, Farben- und Materialvielfalt auf. Es dominieren gerade Linien und rechte Winkel, Grautöne, Beton und Glas. Gegenüber dem natürlichen Biotop des Menschen handelt es sich dabei um eine stark verarmte Umgebung und um eine sehr eng begrenzte Reizvielfalt. Sucht man nach den zu erwartenden Verhaltensänderungen, genügt ein Blick in die Statistik der Jugendkriminalität und auf das Sozialverhalten von Kindern. Vandalismus muss nichts mit politischem Protest zu tun haben, sondern kann ein Ausdruck eingeschränkter Wahrnehmung und sinnlicher Verarmung sein. Diese Unsensibilität ist den Betroffenen nicht bewusst, kann es gar nicht sein, da sie von Geburt an auf die umgebende Welt geprägt wurden. Daher ist es fraglich, inwieweit solchen Menschen ein Schuldbewusstsein bzw. eine Schuldhaftigkeit unterstellt werden kann.

Mit diesem Ausflug in komplexes Verhalten, mit dem der Bereich zivilisatorisch bedingter Artikulation beginnt, möchte ich schließen. Meine Hoffnung ist, dass wir Menschen die vorhandenen Fähigkeiten unseres Körpers nutzen und damit den nachteiligen Erscheinungen einer überinformierten Zivilisation entgegentreten können.

Allerdings müssen das genaue Beobachten und Hinhören trainiert werden.

Das Abenteuer beginnt – jetzt!

Ausgestattet mit dem Wissen über die Bedeutung unserer Körpersprachen können Sie die Wahrheit herausfinden, keiner macht Ihnen mehr etwas vor.

Beginnen Sie damit, Ihre Mitmenschen „zu lesen“. Sie werden verblüffende Entdeckungen machen und viele Situationen besser meistern können. Weil die natürlichen

Körpersprachen eine Reaktion auf innere oder äußere Reize sind, wissen wir auch, was unsere Mitmenschen bewegt, was sie denken und fühlen. Damit kommen wir der Wahrheit näher, die oft hinter Worten verborgen wird, und können mit detektivischem Scharfsinn die wahre Aussage erkennen. Das lässt sich in ganz verschiedener Weise anwenden: einmal, um Mitmenschen besser zu verstehen und auf sie eingehen zu können, aber auch, um sie bloßzustellen und zu entlarven. Das Wissen über Körpersprachen ist mit dem Gebrauch eines Messers zu vergleichen: Man kann damit Brot schneiden oder jemanden verletzen. Es liegt bei Ihnen, es konstruktiv zu nutzen.

Lernen Sie in der Praxis die Anwendung Ihrer Kenntnisse bis in alle Feinheiten. Wie Sie jetzt erfahren haben, sind es häufig kleine Bewegungen und Haltungen, geringfügige Änderungen des Tones, die uns den Klartext verraten. Das muss man üben und ich kann Ihnen nur Mut machen, sich in diese Abenteuer zu stürzen. Dann wird der Alltag für Sie durchschaubar und das Verhalten von Partnerinnen und Kollegen ein offenes Buch. Fangen Sie an, darin zu lesen!

Literatur

Bauer, Joachim: Das Gedächtnis des Körpers, Frankfurt/M 2002

Berger, Lothar (Hrsg.): Sprechausdruck, Kronberg 1984

Eibl-Eibesfeld, Irenäus: Der vorprogrammierte Mensch. Das Ererbte als bestimmender Faktor im menschlichen Verhalten, München 1992

Eibl-Eibesfeld, Irenäus: Die Biologie des menschlichen Verhaltens, München 1997

Eibl-Eibesfeld, Irenäus: Grundriss der vergleichenden Verhaltensforschung – Ethology, München 2004

Ekman, Paul: Gefühle lesen, Berlin 2017

Frey, Siegfried: Die Macht des Bildes. Der Einfluss der nonverbalen Kommunikation auf Kultur und Politik, Stuttgart 1999

Heilmann, Christa: Körpersprache richtig verstehen und einsetzen, München 2009

Kappeler, Peter M.: Verhaltensbiologie, Berlin 2012

Kühn, Christof: Körper-Sprache, Frankfurt/M 2002

Lorenz, Konrad: Vergleichende Verhaltensforschung: Grundlagen der Ethologie,Wien 1978

Lorenz, Konrad u. Leyhausen, Paul: Antriebe tierischen und menschlichen Verhaltens, München 1968

Meijer, Eva: Die Sprachen der Tiere, Berlin 2018

Meyer-Hermann, Reinhard: (Hrsg.): Sprechen, Handeln, Interaktion, Berlin 1997

Molcho, Samy: Körpersprache im Beruf, München 1988

Molcho, Samy: Körpersprache, München 2013

Morris, Desmond: Der Mensch mit dem wir leben. Ein Handbuch unseres Verhaltens, München 1978

Morris, Desmond: Körpersprache, Gesten, Gebärden, München 1997

Morris, Desmond: The Nacked Man, London 2008

Navarro, Joe: Menschen lesen. Ein FBI-Agent erklärt, wie man Körpersprache entschlüsselt, München 2010

Peters, Jörg: Intonation, Heidelberg 2014

Sacks, Oliver: Der Mann, der seine Frau mit einem Hut verwechselte, Hamburg 1990

Sacks, Oliver: Der Strom des Bewusstseins: über Kreativität und Gehirn, Hamburg 2017

Schirach, Ariadne v.: Ich und du und Müllers Kuh. Kleine Charakterkunde für alle, die sich selbst und andere besser verstehen wollen, Leipzig 2019

Stockert, Theodor v.: Meine Sprache und ich: mit Sprachstruktur Persönlichkeit entwickeln, Erlangen 2016

Wendt, Beate: Analysen emotionaler Prosodie. Hallesche Schriften zur Sprechwissenschaft und Phonetik, Berlin 2007